内村航平 やり続ける力

The Power to Keep Going
Kohei Uchimura

天才じゃない僕が夢をつかむプロセス30

KADOKAWA

はじめに

体操競技を始めたのは3歳のときでした。

正直なところ、僕には才能やセンスといったものはまったくありませんでした。あとから始めた妹のほうがなんでも器用にできていたくらいです。**小学校のとき、初めて出場した大会でも最下位でした。**

そんな僕がオリンピックに4大会出場して、個人総合ではロンドンとリオデジャネイロで2連覇できたのです。全日本選手権、NHK杯では10連覇も果たせたように、**およそ10年間、日本のトップに立ち続けてきました。**

どうしてそんなに長く活躍できていたのかと聞かれることもあります。

「やるべきことを継続してきたから」

「継続に必要な強い気持ちとモチベーションをもてていたから」

ということだと思います。

ビジネスや学術分野など、まったく違う世界においても同じようなことがいえるのではないでしょうか。

1、まず目標をもつこと。

2、目標達成には何が必要かを考え、計画を立てること。

3、その計画に合わせて、練習や学習、実践（実戦）経験を積んでいくこと。

4、途中であきらめずに続けていくこと。

それができるかできないかが、最も大切だと思います。

これまで僕は、自分が置かれている状況を問わず、必要と思える練習をずっと継続してきました。良いか悪いかは別にして、体調が悪くて熱がある日にも練習をしてきました。

なによりも体操競技に集中することを優先して生活をしてきたのです。そういう日々を過ごしていく中で、自分のベースをつくっていったのです。

自分で「努力している」とアピールしているうちは、努力ではありません。周りから「よくそこまでやれるね!?」と驚かれて初めて「やっている」ことになる、と考えてきました。

継続と強い気持ちのほかに、もうひとつ大事な要素を挙げるなら、**自分がやっていることを〝いかに楽しむか〟**だと思います。

技らしい技が何もできなかった子供の頃から、**体操をすることは楽しくてしかたなかった。**両親からは「自分たちが見ていないところでは練習するな」と言われていたのに、いつも一人でやっていたくらいです。

その後、新しい技を覚えたり、いろいろな技を自分なりに分析したりするようになると、趣味を楽しんでいる以上にワクワクしました。

楽しめていてこそ、継続もできます。そして、できることを普通と考えるのではなく、「できないこと」が普通と考える。何かができるって、本当に特別なことではないでしょうか。

仕事でいえば、いろんな業種があるなかで誰もが好きな仕事に就けているわけではないのだと思います。日々の業務がつらいと感じている人も多いのかもしれません。でも、何か少しだけでも楽しいと感じられる部分が見つけられたなら、毎日の感じ方はずいぶん違ってくるはずです。仕事が自分に合わないと悩んでいても、これまで辞めずにいた人なら、そういうポイントが見つけられるのではないでしょうか。

どこかに楽しさが発見できたなら、その先も続けていけます。

これまで僕は、体操を通じてさまざまな経験をしてきました。

30年間、続けてきたなかでは多くのケガとつき合ってきました。

団体総合で金メダルを取りたい気持ちが強かったので、チームマネジメントといえる分野とも本気で向き合いました。

体操を広めたい一心で、体操選手としては日本で初めてプロにも転向しました。

そういうなかで学んできたことを僕なりにまとめてみたのが今回の一冊です。

オリンピックや世界選手権（世界体操競技選手権大会）など、体操に関わる話が多くなりますが、自分史のようなものをまとめたかったわけではありません。そういう要素はあるにしても、僕が伝えたかったのは、ここまでの経験のなかで学んできたこと、感じてきたことです。

内村航平という人間が体操によってつくられてきたのは間違いありません。そのため、体操に恩返しをしたい気持ちはものすごく強い。その一方で、**僕が体操から学んできたことは、別の分野で頑張っている人たちにも生かしてもらえるところがあるのではない**

かと考えるようになりました。

どうすれば、ひとつのことを長く続けられるのか。

組織やチームで結果を残すにはどうすればいいのか。

苦境に立たされたときにはどのように乗り越えていくのか……。

自分にとって大切にしたい仕事に出会うためにはどうすればよいのか。

そういう部分に関して僕なりに考えてきたことをうまく伝えられたならいいな、と思ってこの本をまとめてみました。

自分の来歴を振り返りながら、「やり続ける力」をテーマに本をまとめることは、僕にとっては難度の高い技をマスターするより難しいことでしたが、今の僕が伝えられるすべてを詰め込めたのではないかな、と思っています。

第2章
プランニング Planning
オリンピックの頂点への道

第3章 コンディショニング Conditioning

第4章 チームマネジメント Team Management
勝つための組織づくりとリーダー像

第5章 決断 Making Decisions
アスリートが人生を変えるとき

第7章 ワーク Work

終　章

未来へのメッセージ

A Message for the Future

序章

プラクティス Practice

基礎を続けることの意味

高校生の頃の大会での床の演技

目標に向けて、日々、何をやっていくのか。
どれだけつらくても
基礎を固めていくことから始めなければ、
どこにも到達できない。
修練というものは、継続できてこそ意味をもつ。

Practice

つまらなくて、つらかった1年間

何事においても、大切なのは基本だと思っています。

長崎県で育った僕は、自分の意思で東京の高校に進学することにしました。朝日生命体操クラブに入ることが目的でした。

「体操がうまくなりたい」という一心での決断でした。

ところがこのクラブでは、最初の1年間、基礎だけをやらされることになりました。

大げさではなく、基礎練習しかやらせてもらえませんでした。

中学時代までは、自由にやりたい練習だけをやっていたので、「なんで⁉」と失望しました。新しい技を教えてもらえることはいっさいなく、来る日も来る日も、腹筋背筋などの筋トレや基本技術の反復練習ばかり……。

それも、普通に考えられる練習量の3倍くらいのものだったのです。

つまらなくて、つらい。こんなに地味で苦しいだけの練習をやるために東京に来たんじゃないのに……と思っていました。

ただでさえものすごい練習量でしたが、少し慣れてきたあとには手足にパワーリストのような重りをつけさせられました。筋肉痛ではないときがなかったほどです。

今から振り返れば、それをやってきたから体が強くなったのかなとは思いますが……。

もう二度とやりたくない！

あの頃に戻るなんて、想像もしたくないほどきつい練習でした。

練習は楽しめなかったし、先の目標を考える余裕もありませんでした。

1日1日のつらい練習をいかに乗り越えるかがすべてのようになっていました。

それが1年間続きました。

心が折れかけたことは何度もありましたが、逃げ出すわけにはいかなかった。東京に行くと決めたのは親ではなく自分だったからです。

練習がつらいとかつまらないとかいった理由で、挫折《ざせつ》はできなかった。

もし親のすすめで東京に行っていたとしたなら、続けられなかったかもしれません。

それくらいギリギリのところでやっていたのです。

基礎だけをやっていたことで起きた変化

高校2年になる直前の3月にひとつのターニングポイントがありました。コーチの不在時に、これ幸いとばかりに基礎の練習をさぼって「やりたい練習をやろう」としたときに、これまでやってきた練習の意味を知ることになりました。

中学生の頃には全然できなかった難しい技が簡単にできたのです。

床の後方伸身2回宙返りです。どうせできないだろうという感じでやってみたら、できてしまった。そのことには自分も驚きました。

手をつかずに空中で、全身をピンと伸ばしたまま、2回まわるのが後方伸身2回宙返りです。基礎練習では手を使って1回まわる練習しかやらせてもらえていなかったので、どうして、こんなに単純な技ばかりやらせるのかと思っていたのです。それなのにいつのまにか、その延長にあるとも思えないほど難度の高い、つまり実施の難しい技をこなせるようになっていたのです。

基礎を続けることにより、それだけの力がついていたのです。

この後、高校2年になって難しい技を1つひとつ習得していき、その年に出た全日本ジュニアでは3位になれました。

中学で出場した全国大会は42位だったのだから、大きな飛躍です。

全国3位になれば全国1位を目指す気になります。この頃から目標を立てて、そのために必要なことを自分に課していくようにもなりました。

反発しても続けられるか？

基礎ばかりをやらされていた頃は、心の中で「ふざけるな！」と思っていただけでなく、コーチに対して直接、「こんなのやってられないです！」と反発もしていました。

コーチから「うまくなるため、将来、世界に出ていくためには、この練習が必要なんだ」と言われても、「言ってる意味がわかんないんですけど」と返して、ふてくされたようになっていたのです。**それでも、基礎練習を投げ出さずに続けていたことが先につながる力になったのは間違いありません。**

当時のコーチは小林隆《こばやしたかし》さん（日本体操協会元常務理事）といいますが、２０１８年に病気で亡くなりました。

その少し前にあらためて「高校時代は反発ばかりしてしまい、すみませんでした」と謝る機会をもてました。

そのとき小林コーチからは次のような言葉を返してもらっていました。

「あの年齢なら反発するのが普通だ。それでも続けられるかを見てたんだ。おまえはなんだかんだいっても、ちゃんとやっていたから、世界チャンピオン、オリンピックチャンピオンになれたんだと思うよ」

コーチの言葉どおりなのだと思います。あの頃、文句を言いながらも基礎練習から逃げ出さなかったことが、成長につながったのは間違いありません。

あの日々があったからこそ僕は、世界の舞台へ行くことができたのです。

Process 1

基礎をあきらめずに繰り返すことで、気づかないうちに高い次元に到達することができる。

中国のトップ選手は試合会場でも基礎をやっている

高校2年以降、基礎をやらなくなったのかといえば、そんなことはありません。あいかわらず基礎の反復はやっていたし、腹筋や背筋を鍛える筋トレの量も尋常ではなかった。

大会が近づいてくると、基礎練習を抑えて試合に合わせた練習に変えていく指導者もいると思いますが、小林コーチはそうではありませんでした。大会前になっても同じレベルで基礎練習を続けるようにと指示されていたのです。それには僕も逆らいませんでした。

〝基礎を続けていれば、新しい技を覚えようとしたときにも、すぐにできるようになる。とにかく基礎の反復は大切だ〟

高校3年間を通して、小林コーチからはそう教え込まれたようなものでした。

基礎の大切さを知ったあとも、内心ではやりたくないなと思っていましたが、投げ出さずに続けていくことができました。

オリンピックや世界選手権に出るようになっても、そこは変えなかった。

午前中の練習は基礎練習にあてるのが、現役中ずっと変えずにいた僕のスタイルです。基礎のほかには、年齢とともに痛みが出てきやすい部分を鍛えるなど、体を強くするための練習を午前中にじっくりやっていく。午後になってから、そのときに取り組んでいる技の練習や6種目の通し練習（1種目の演技を試合本番と同様に、最初から最後まで通して行う練習）などをやるようにしていたのです。

高校生の頃に基礎の大切さを学び、その後もこうしたやり方をしていたので、ここまで体操を続けてこられた。そうでなければ、現役でいられた期間はもっと短くなっていたのではないかと思います。

体操やスポーツに限ったことではなく、基本ができていなければ深いところまでは到達できません。

器用な人なら、ある程度、難しいところまで手を出していき、なんとなくやれることはあるかもしれません。しかし、そういうやり方をしている限り、その域は出られない。

体操はとくにそうです。なんとなくやれたとしても、見る人が見れば、形らしい形になっていないのはわかります。体操は採点競技なので、それでは高い点数が取れる技にはなりません。高い点数を出せる選手は、例外なく基本がしっかりしている。そのうえで難度の高い技を正確にこなしているのです。

オリンピックや世界選手権で中国などのトップ選手を見ていると、試合会場でも基礎練習を繰り返しているのがわかりました。

基本を大事にしているからこそ高い点数を出せるのだということは、そうしたところでも確認できていたのです。

難易度の高い技も基本技がベースになっている

今の日本の体操選手はレベルが高く、今後にも当然、期待しています。ただ、基本ができている選手でも、繰り返し基礎練習をすることは少ない傾向が見られます。

すでにできていることを何度もやる必要はないという考え方なのかもしれませんが、それではダメなはずです。

できているかどうかを問わず、常に基礎の確認はしておくべきです。それが、大切な場面での結果やコンディションの把握につながってきます。

代表選手になれば、常に難しいことをやり続けていかなければならなくなります。そのため、基礎を振り返っている余裕がなく、難度の高い技と基礎を結びつけて考えなくなっているのだと想像されます。その気持ちはわかるにしても、一般的に考えられている以上に難度の高い技は基礎との結びつきが強い。

これは、**体操のみならず、ビジネスの世界でも同じではないでしょうか？　高い地位についたり、仕事に慣れてきたとき、基礎を振り返る姿勢や余裕を失っていることも、多いのではないかと思うのです。**

たとえば僕は、東京オリンピックに向けて、鉄棒でH難度（現在、体操はA難度からI難度に技が分類され、演技価値点として得点に加算されるルールです）の大技であるブレットシュナイダーという技を覚えることにしました。鉄棒の上で後方2回宙返りをしながら1回ひねりを加えて再びバーをキャッチするコールマンという技に、さらにもう1回ひねりを加える、高難度の技のひとつです。この技にしても、掘り下げていけば、鉄棒の基本技である大車輪に行き着きます。

ほかのどんなに難しい技にしても、すべて基本の技がベースになっている。

だからこそ、どれだけ高いレベルのことをやるようになっていても、基礎練習を続けていくことがプラスになるのです。

〝基礎がいかに大切か〟ということは自分自身、痛感しているので、これからいろいろなところで伝えていきたいとも思っています。

僕がどうして現役を引退する32歳まで、基礎の反復やつらいトレーニングを続けてこられたのかといえば……。

基礎の大切さを知っているから。

技ができたときの喜びがつらさを超えるものだと知っているから。

試合で勝てれば、そこまでのつらさなどは一瞬でかき消されてしまうからなのです。

大学時代の大きなターニングポイント

高校2年になるときに基礎がいかに大切なのかを知り、苦しい練習も続けてきました。しかし、僕はきつい通し練習に対する姿勢をゆるめてしまったことがありました。大学に入学してまもなくの頃です。

高校時代の練習があまりにきつかったうえに高3になるとそれなりの結果を出せるようになっていたこともあり、自分を追い込んでいこうとしなくなっていました。きつい通し練習をおろそかにして、特定の技の練習をすることを増やしていました。

しかし、そこでまた大きなターニングポイントを迎えることになります。

大学1年のときは世界選手権に出られず、ユニバーシアードの代表になりました。世界選手権はオリンピックを別にすれば体操界最高峰の大会で、ユニバーシアードは「学生のためのオリンピック」と呼ばれる学生中心の大会です。このユニバーシアードでは種目別の床と団体で優勝できました。結果そのものより意味があったのは、2007年8月の大会前に代表合宿に参加できたことです。世界選手権に出る選手たちと一緒に練習できたので、そこで気づけたことが大きかった。

それまでの僕は、代表に選ばれる選手は天才ばかりで「きつい練習なんてしていない

んじゃないか」と思っていたのに、そんなことはないのを知ったのです。

当時のトップだった冨田洋之《とみたひろゆき》さんをはじめ、鹿島丈博《かしまたけひろ》さんなど代表メンバーの練習量はすごかった！　きつくて泥臭い通し練習をずっと続けていたのです。その姿を目の当たりにして、トップに立つというのはこういうことなのかと理解しました。

それ以前から大学の監督には「お前は全然、やっていない！　つらいことをやっていかないと代表では通用しない」ということを繰り返し言われていたのに、聞かずにいたのです。そんな中、この合宿に参加したことで「やっぱりまだまだつらいことをやっていかなければならないんだな」とわかり、初心を取り戻すことができました。

この頃の僕は、つらいことなどはやらなくても自分はできる、という根拠のない自信をもちかけていました。練習ではうまくできていなくても、試合になればおのずと気持ちがあがってコンディションが良くなり、うまくやれるものだという考えになりかけていたのです。そうではなく、練習で極限までやっていてこそ、本番で力を出せるのだということを思い知りました。

実はこの頃、きつい通し練習をやらなくなっていたため、それまでできていた技が、できなくなったりもしていたのです。高校時代、練習もしていなかった後方伸身2回宙返りができるようになっていたのとは、真逆のパターンです。

その現実を突きつけられたこともあり、もう一度、自分を追い込んでいこうという気になりました。


初心を取り戻す機会を得ることは、大切なことです。

自分の人生が決定づけられた北京

翌年の2008年、僕は北京オリンピックに出場します。

19歳。大学2年生でした。

もともと北京に出られるとは思っていなかったのに、北京で戦えたことがロンドンとリオデジャネイロの金メダルにつながったのは間違いありません。

北京では、団体と個人総合で銀メダルを取りました。オリンピックでメダルを取るということがまだ現実的な目標にできていなかったうちにそれができてしまったのです。

いざ表彰台にのぼってみたとき、「4年後には、隣のいちばん高い台に立ちたい!」と

も思いました。

その気になったからこそ、それまで以上の練習をするようになったのです。

そういう意味でも、北京オリンピックは自分の人生を決定づける大会になったと振り返ることができます。

大学入学時の頃のまま練習に対する気持ちをゆるめていたなら、北京に行けるはずがなかったのだから、２００7年8月に参加できた代表合宿は人生の分岐点だったといえます。

あそこで気付きを得られていなかったとすれば、一度もオリンピックに出場することなく終わっていた可能性もあったはずです。

どこかで軌道修正できていればロンドンオリンピックには出られたかもしれませんが、金メダルを取れたかといえば、無理だった気がします。

他の競技やビジネスの世界でも、**自分が現状を振り返るきっかけとなる、そんな気付きの場を得られるかどうかが、大きな意味をもってくる**のではないでしょうか。

僕は決して、最初から優秀だったわけではありません。

「天才」という言葉が生まれつきすぐれた才能をもっている人を指すのであれば、僕にはまったく当てはまらなかった。

多少なりとも、人と違うところがあるとすれば、好きなことがあれば、とことん突き詰めていかなければ気が済まない性格〟ということになるはずです。

何かを突き詰めていくのは、誰にでもできることです。

金メダルを取るのは特別なことでもなく、特別な人でなければ金メダルを取れないわけでもありません。

必要な努力を積み重ねずに結果を出せるはずがない。

大切なのは、基礎がもつ意味を忘れないこと。目標に向けてどれだけのことをしたかということだけなのです。

これは、さまざまなスポーツや仕事でも、きっと生かせる考え方ですし、真実なのではないかと思っています。

Process

2

トップに立つ人たちこそ、常に基礎を大事にしている。何かを突き詰めていくことは、誰にでもできる！

第1章

スターティング Starting

夢への第一歩

幼少期から鉄棒に慣れ親しんでいた

好きなことを見つける。
好きになったことを
自分なりに追求していく。
仕事でも競技でも
成功への道はそこからしか始まらない。

Starting

非日常的だからこそワクワクしていた

誰しもが、好きなことを見つけることができれば、1日1日を過ごすことの意味や重みが変わってきます。

あらためて、僕の歩みを振り返っておこうと思います。

体操を始めるのは早かった。僕が3歳のときに長崎県の諫早《いさはや》市に引っ越して両親が体操教室をひらいたので、そのときから僕もやっていたそうです。

当時の記憶はありません。

どのくらいあとになるのかわかりませんが、鉄棒の下で眠っていたことや2歳下の妹と器具のそばを走り回っていたことなどをうっすら覚えているくらいです。

当時住んでいたのは、両親が体操教室をひらくためにつくった体育館兼自宅です。

体育館といっても、普通にイメージされるような立派なものではありません。貨物コンテナを4つ並べてつなげたものです。家族4人の居住スペースと体育館には区切りがないのに近かった。

父は大学時代まで、母は短大時代まで体操をやっており、施設が立派なものではなくても、とにかく教室をやりたかったようです。

あとから聞くと、借金してその体育館をつくり、教室を始めてしばらくのうちは父がアルバイトをしながらやりくりしていたそうです。コンテナ生活を始めて9年後になってようやく、もう少し体育館らしい体育館をつくることができたのです。

コンテナで生活していた頃は、冬は寒くて夏は暑かった。かなり過酷な環境でした。とはいえ、子供からすればそういう環境も楽しいものです。寝起きしている空間に鉄棒などの器具があれば、自然にそれが遊び道具になります。

家の中に遊び場があるというか、家と遊び場が一体になっている感覚でした。

非日常的だからこそワクワクします。

それで僕は、家にいるときはいつも、鉄棒にぶら下がっていたり、マットの上でぐるぐる回ったりしているようになったのです。

両親からは「自分たちが見ているときだけにしろ」と言われていたのですが、そこはやっぱり子供だから……親に言われた逆をしたくなるものなので、親がいないときこそ、ずっと体操をしていました。

好きなことが見つかると、子供のころからでも、毎日の輝きは変わってくると思います。

最初に出た大会は最下位だった

正直に告白すれば、僕には体操を始めた当初、センスのかけらもなかったのです。

小学校1年生のとき、6歳で出場した初めての大会は最下位でした。

僕よりうまかった妹には体操を続けさせるべきだとしても、僕にはこのまま体操をやらせておいていいのかということで母親は悩んでいたようです。

「サッカーやってみたら？」と聞かれることもあったくらいですが、僕はかたくなに拒んでいました。

「体操のほうが楽しいから」と答えていたそうです。

体操が好きで、家では体操ばかりしていたといっても、僕の中ではあくまで遊びの感覚でした。練習らしい練習はしていなかった。

最初に出た大会で最下位になっても、意識は変わらなかった。少なくとも小学校低学年のうちはそうだったと思います。

試合に出ること自体、好きではなかった。

子供の頃の僕はすごく人見知りで、人前に出るのも苦手だったのです。試合に出るときも、頭の中が真っ白になるくらい緊張したので、それが嫌だったのです。体操は家だけで楽しんでいられればいい、というのが正直な気持ちでした。

蹴上がりができた感動があるから「500の技」を覚えられた

試合とは別の話になるけれど……。

小学校1年生のとき、鉄棒の蹴上《けあ》がりができるようになった感動は忘れられません。

蹴上がりはすごくシンプルな技です。鉄棒にぶら下がった状態で、体を前後に振る反動を利用して上半身を鉄棒の上に持ち上げるだけのものです。

同じ年でもできる子はいたので、やり方を教わろうともしました。それでもなかなかできずにいたのです。それくらい**僕はセンスがなく、技を覚えるのが苦手だった**ということです。手がボロボロになって血が出るほどやっていたのに、それでもできませんでした。

どうしてできないんだろう、と悩みましたが、あまりあれこれ考えずにやってみようと繰り返し試したら、ある日、突然できたのです。

できた！　ということ自体が衝撃的でした。

体が感覚を覚えられたのか、そのあとは繰り返しできるようになったのです。

体操にはおよそ800個の技があります。僕はそのうち500個の技ができます。体操競技では、ひとつの種目で使う技が最大10個なので、ほとんどの技を試合で使うことはありません。500個はトップ選手でも相当多い方だと思います。

その原点になっているのが蹴上がりです。**蹴上がりができるようになった感動が忘れられなかったからこそ、500の技を身につけていくことができた**のです。

オリンピックでやるようなG難度、H難度の技ができるようになったときの喜びは当然大きい。でも、蹴上がりができたときの喜びは、500の技のなかでも1、2を争うといっていいほどのものだったのです。

できなかったことができた！

その喜びを知ることで、ひとつ上のステージにトライしていき、高い次元のことをマスターできるようになっていく。どんなことに挑戦するにしても、そういうものではないでしょうか。

一度、成功体験を得ることは、自分のやる気を高めたり、その後の練習効率を大きく上げることにつながります。社会人にとっての仕事の場でも、子供たちがスポーツに取り組む上でも、大きなポイントだと思います。

Process

3

小さなことでも、できるようになる感動は大きい。その喜びを知ることで〝高い次元〟を目指していける。

上手じゃなくても、好きだからやりたい！

小学生のうちは地方の大会で2位か3位くらいだったのですが、自分よりうまい子に勝ちたいという気持ちが徐々に芽生えてきました。

最初のうち、試合は好きではありませんでしたが、本来、僕はすごく負けず嫌いです。足が速いほうだったこともあり、運動会の徒競走では絶対に負けたくなかった。だから小学校低学年の頃も、試合で1位になりたい気持ちは薄くても、練習でやれる技のレベルに関しては、他の子に劣っていたくない気持ちは強かったのです。

遊んでいる感覚から練習している感覚へと変わってくると、なおさら練習に励みました。負けず嫌いだからということもありますが、それよりも体操が好きだから。

うまくなくても、好きだからやれる。

どんなことでもそうなのではないかと思います。

たいしてうまくはなくても、どこかが少しでも良くなれば、その変化が嬉《うれ》しい。嬉しいからまた頑張る。そういう繰り返しのなかで、少しずつでもレベルアップしていく。当時の僕はまさにそうでした。

「好きなことを続ける」という図式が一度できると、応用がききます。勉強にもスポーツにも仕事にも変換できて、頑張れるようになっていく。

だから**子供のうちは好きなことを見つけるのが大切になるし、大人になってからはやっていることのおもしろさを見つけて好きになれるように工夫することが大事**なのだと思います。

「本気」になっていくためのセカンドステップ

蹴上がりができるようになった前後に、僕にとってはもうひとつ、大きな意味をもつ出来事がありました。最初は6歳くらいのことで、それから年に1回か2回、東京の朝日生命体操クラブで練習をさせてもらえるようになったのです。

大人のすごい技を見ることができたうえに、このクラブでトランポリンに出会えたのが大きかった。トランポリンの上で跳ねているのがとにかく楽しく、東京へ行くたびトランポリンに夢中になっていたのです。

感覚としては、朝日生命体操クラブに行くのはトランポリンのある遊び場に行くのに近かった。そんな僕を見ていたからか、小学校5年生のときに、両親がうちの体育館にもトランポリンを設置してくれたのです。

それからは本当に、時間さえあればトランポリンの上で飛んだり跳ねたり、回ったりしているようになりました。

ずっとあとの話になりますが、中学3年生の頃、トランポリンを使った後方2回宙返り2回ひねりという技ができるようになったときも嬉しかった。

ちょうど自分の携帯をもてるようになった時期だったので（まだガラケーの時代です）、それを撮って父親に見せたら「危ないことをするな」と頭を叩《たた》かれたのを覚えています。

その頃の僕は、かなり危険なことにもチャレンジしていた気がします。

実は、あとで振り返ると、**このトランポリンで毎日楽しく遊んだことが、僕が世界で戦っていく上での大きな武器となる空中感覚を養うことになっていた**のです。

ちなみに僕は怖がりでもあったので、体操を始めた頃は、技をやるにも怖がってできないことがありました。でも、「どうして怖いのか？」を考えてみたなかで、自分なりの答えを見つけることができたのです。

「頭から落ちるのが怖いんだから、頭から落ちる前に地面を見るようにすれば頭からは落ちないはず」というのが僕が見つけた答えでした。

それからは技をやるのをためらわなくなったのです。

ひとつの答えを見つけられたことよりも、**自分なりに考える時間をつくったことで、恐怖心を振り払えたのではないか**と思っています。

小学校6年生のときにはシドニーオリンピックがありました。

テレビとはいえ、初めてリアルタイムで見たオリンピックです。

このとき日本のトップは朝日生命体操クラブの塚原直也《つかはらなおや》さんでした。この大会で塚原さんはメダルを取れませんでしたが、ここから僕は、オリンピックという大会と塚原さんに対する憧《あこが》れを強くしました。

東京で塚原さんに会えるときなどは、オーラが凄《すご》すぎて〝近づきすぎないようにして、少し離れていなければならない〟と思っていたくらいです。

自分も体操がうまくなりたい！

本気でそう考えるようになったのもこの時期だった気がします。

体操に全力投球していた子供時代

競技としての体操に目覚めたのは遅かったですが、体操に全力投球した子供時代を過ごしていたのは間違いありません。

ヨーヨーやプラ模型などをやっていた頃もあったとはいえ、友達と遊ぶようなことはほとんどなかったくらいです。

テレビゲームにも興味がなかったので、高校や大学の先輩に誘われてやったときには電源の入れ方さえわからなかったほどです。

ホメられることではないにしても、勉強する時間があるなら体操をやっていたいと、いつも思っていた。

授業中には、消しゴムをいじって体操の動きを再現しようとしていたのです。普通の四角い消しゴムがいつのまにか人型になっていました。削ってそうしたのではありません。体操の動きをさせていることで、頭の部分が丸くなり、ボウリングのピンのようになっていくのです。それくらいずっと消しゴムをいじっていました。

その消しゴムは、消しゴムとして使うわけにはいかなくなったので、体操用の消しゴムと文字を消すための消しゴムを分けて使うようになりました。

今でも実家のどこかに体操用の消しゴムが残っているはずです。本当に人の形になっています。

絵を描くのも好きだったので、体操の動きの分解図やパラパラ漫画を描いたりもしていました。子供にしてはなかなか本格的なものだったといえる気がします。

おたく体質もプラスにはたらいた!?

漫画といえば、『ガンバ!Ｆｌｙ ｈｉｇｈ』(原作・森末慎二、作画・菊田洋之)は、僕にとっては教科書のような存在になっています。

僕が5歳の頃から連載が始まった体操漫画です。アニメにもなったので、僕の前後の世代で体操をやっていた人はほとんどみんなが読んだり見たりしていた作品です。

すごくおもしろかった。

描かれている技は、森末慎二《もりすえしんじ》さん（ロサンゼルス五輪鉄棒金メダリスト）が監修しているので、比較的リアルでした。「自分にもできるんじゃないか」というモチベーションにもなっていたのです。

この漫画では演技中の〝視界の問題〟や〝着地〟もテーマになっていたので、共感できる面が多かった。

他のクラブの子たちと話をしていたなかで、「技をやっているときって、こういう景色が見えるよね」と言ったとき、「何も見えないよ」と返されたことがあったのです。「えっ⁉ 見えるのは僕だけなのかな」と不思議で、**父親に話してみたら、「お前は空中感覚がいいのかもしれないな」と言われました。**

早いうちから演技をしながら周りの景色を見ることを意識していたのは漫画の影響だった気もします。そのために空中感覚を養うことができたのかもしれません。その意味でも、この作品から得られたものは多かったと思っています。

これまで何回、繰り返して読んだかわからない。全巻分、スマホに入れてあるので、最近でも気がつけば読み返したりしています。

その菊田洋之《きくたひろゆき》先生が２０１８年から描かれた漫画『ＴＨＥ　ＳＨＯＷＭＡＮ』は、僕が監修をさせてもらうことになったのです。夢中で『ガンバ！』を読んでいた頃から考えると、信じられない展開でした。『ＴＨＥ　ＳＨＯＷＭＡＮ』ではとにかく体操のリアルを追求したいと思い、技をはじめ、試合のときに選手がどういうことを考えているかといった細部にまでこだわりました。

僕はいちどハマると、のめり込んでいきやすいところがあります。

漫画では『ＯＮＥ　ＰＩＥＣＥ』も愛読しているし、いちばん好きなのは『北斗の拳』です。リアルタイムではなく、高校に入ってから古本で買うようになり、いつもカバンの中に詰めていたのです。やっぱり何度となく読み返しているので、秘孔や技の名前はすべて覚えています。ラオウの解唖門天聴《かいあもんてんちょう》なんかは好きな技です。

最近では『鬼滅の刃』も当然、読みました。最終巻を締めくくるエピソードで、主人公と関わりの深いキャラクターの子孫が体操の金メダリストになっていたことには驚きましたし嬉しかった。

僕はもともと、おたく体質なのだと思います。

10を知っていれば人に説明できるようなことでも、100や1000まで知りたくなる性格です。

体操についても、もちろんそうです。いつ頃からか、体操については世界でいちばんよく知っている人間になることを目指すようにもなりました。

プレーヤーとして頂点を目指すだけでなく、知識の面でも高みを極めたいと考えて、そのための勉強も続けていくようになったのです。

そして、得た知識は練習に生かせたり、応用できるヒントにもなります。ヒントを集めて、自分なりに考える材料にすることもできるのです。

Process

4

好きなことを続ける。好きなことを知り尽くそうとする。その知識の集積が、次の練習や仕事のヒントになる。

アパートで共同生活、練習漬けの高校時代

誰の人生にも、自分の進路を決断するタイミングが訪れるものです。

中学卒業を控えて、「東京に行きたい」と両親に頼みました。僕にとっては〝最初の大きな選択〟でした。

東京に行きたいといっても、どこかの高校にこだわりがあったわけではありません。先にも触れましたが、小学生の頃から行かせてもらっていた朝日生命体操クラブに入りたかったからです。

塚原直也選手のいるクラブで体操をやっていきたい気持ちがそれだけ強くなっていたということです。

15歳という年齢でそういう道を希望したというと、将来を見据えてのことだったようにも見られがちですが、先々のことまで深く考えていたわけではありませんでした。中学3年生で出場した全国中学校体操競技選手権大会でも42位だったくらいなので、将来的に日本代表を目指すというようなイメージをふくらませることはなかった。

とにかく好きな体操がうまくなりたい、ということしか考えていないのに近かったのです。

両親からは猛反対されました。そんなことはあり得ない！ というくらいの感じでした。だけど僕は、一度決めたら引き下がらないタイプなので、どれだけダメだ、無理だと言われても聞かなかった。

「ここが無理でしょ、こうなったら大変でしょ」と諭されても、「うん、わかるけど、わかんない」みたいな感じで、「もう決めたから」の一点張りでした。

結局、「家出してでも東京に行くから」みたいなことを言って押し切りました。

東京では、クラブに紹介していただいた東洋高校に入学しました。授業には通ったし、大会には東洋高校の選手として出場しました。でも、高校に練習施設はなく、実際はクラブで練習漬けになっていたのです。

北海道や宮城県から来ている先輩たちと、クラブの目の前にあるアパートでの共同生活を送りました。平日は学校から帰ったあと、夕方5時から10時頃まで毎日5時間くらい練習していました。土日は午前に2時間、午後に5時間の7時間くらい。

休む日はほぼない3年間でした。

高校の思い出は、本当に体操漬けの日々です。僕の場合、修学旅行にも行っていません。インターハイが近かったこともありますが、鉄棒を1日触らないだけでも感覚がおかしくなる気がしたからです。

本当に、体操をするために東京に出てきたのです。

学校の先生にも「インターハイで結果を残したいので修学旅行には行きません」と言って、認めてもらいました。そういう理解がある学校だったのですね。

高校にまったく友達がいなかったわけではありませんが、クラブの先輩や後輩、大会で顔なじみになる他校の選手たちがいちばん大切な友達のような存在になっていたのです。

目標を立てて達成する！　その難しさと喜びを知った

中学生の頃から全国大会に出るようになり、その頃には試合も好きになっていました。ただ好きだったというよりも、結果を残さなければならない気持ちが強くなっていました。

練習では調子が良いとき、悪いときの差があるのに、試合のときは常に調子が良かった。そのため、試合のときのようなコンディションで毎日練習ができたらいいのにな、とも思っていました。

仕事での大切な打ち合わせや商談、イベントの場で緊張感の高まりを感じることがありますが、誰しもが、日ごろから本番のような高揚感をどこかで感じ、自分のコンディションを管理していけるといいのかもしれません。

自分にとってのブレイクポイントとしては、高校2年生の全日本ジュニアで3位になったことが挙げられます。

目標を立てて達成することの大切さはこの時期に学びました。

来年は全日本ジュニアで優勝したいと目標を立て、そのために必要なことを計画的にやっていこうとも考えたのです。

高校2年生のときは3年生の世代が強くて、全日本ジュニアも1位と2位は3年生でした。3位が僕で、5位が同学年の山室光史《やまむろこうじ》だったのです。

山室はこの後、日体大、コナミスポーツクラブと長く一緒にやっていくことになる選手です。ともにオリンピックを戦うことにもなります。僕にとっては仲間という次元を超えた存在になっていく男です。

高2の時点で、次の世代では僕と山室がツートップになるだろうとみんなに言われていました。

山室は埼玉県の高校でしたが、電話やメールでよく連絡を取っていました。「いま、どんな練習しているの？」みたいなことを聞き合ったりして、切磋琢磨《せっさたくま》できていたと思います。

仲は良くても「あいつに勝ちたい！」という気持ちはすごく強かった。

そういう存在がいたこともプラスに働いていたはずです。いっそう練習に熱が入り、ライバルを意識して、ライバルに勝てるような計画を立てるようになりました。

高2の3月に高校選抜があり、その後、インターハイ、全日本ジュニアと続いていきます。この3大会で優勝すると高校三冠といわれるので、それを目指していました。「高校三冠を達成すると、オリンピックで金メダルを取れる」とも言われていたのです。

まず高校選抜では優勝できたのに、インターハイは2位に終わってしまった……。

そのことは今でも心残りです。

高校三冠という響きもいいけれど、インターハイチャンピオンという単独の響きもいい。**「もう一度やり直したい大会があるか？」と問われたなら、東京オリンピックよりも高3のインターハイを挙げたくなるほどです。**

インターハイのあと、前年から目標にしていた全日本ジュニアでは個人総合で優勝できました。

そして、この年に初めて11月の全日本選手権に出場しました。大学生や社会人の選手とともに試合した中での結果は8位で、ナショナル強化指定選手（国内外の試合で高い成績を残し、今後、日本代表として競技力向上に貢献することが期待される選手）にも選出されました。

高校生の選出は、池谷幸雄《いけたにゆきお》さんと西川大輔《にしかわだいすけ》さん（共にソウル・バルセロナ五輪団体銅メダリスト）以来18年ぶりだったので、体操界ではそれなりのニュースになりました。

ここでのナショナル入りは僕自身、信じられないことでした。

本当の意味で僕が変わっていくのは、このときの合宿ではなく、大学1年生のときに参加できた合宿なのですが、ここでナショナル入りできた意味はやはり大きかった。

代表に入るということが夢ではなくなり、世界と戦う道へとつながっていくことになるのです。

Process 5

ひとつの選択が人生を決めることもある。目標を達成する喜びを知れば、そこから道は拓かれていく。

第2章

プランニング

オリンピックの頂点への道

Planning

リオデジャネイロ五輪の体操男子個人総合で金メダルを決める

Planning

目標ができたときに、どうするか？
「計画」を立て、
修正と調整を重ねながら
〝その日〟を目指していく。
1日ごと、1年ごとに自分は何をやったのか。
その積み重ねによって
結果が左右される。

自分を見直せたギリギリのタイミング

大きな目標をもつことが大切なのはもちろんですが、それを実現させるには、本当に無数の試行錯誤が要求されるものです。

高校卒業後、僕は体操競技の名門校のひとつである日本体育大学に入りました。

大学1年生の頃はまだ、翌年に開催される北京オリンピック出場を目標にしていなかったといえます。床、あん馬、つり輪、跳馬、平行棒、鉄棒の6種目で競う個人総合で戦っていくことについて、この後、誰よりもこだわるようになっていくものの、この段階では自分が個人総合でやっていけるとも考えていなかった。床と跳馬を軸にして、4年後などに日本代表に入れたらいいな、と思っていたのです。

高3の時点でナショナル強化指定選手に選ばれたのは、やはり想像もしていなかったことでした。全日本選手権のトップ12人がナショナルに入れましたが、全日本で8位になれたのはタイミングが良かったのです。

長く基礎練習に徹していたことが生かされました。

このときは僕とともに田中佑典《たなかゆうすけ》（リオ五輪団体金メダリスト）が高校生でナショナル入りしました。2人で他の選手を見ながら「みんな、すげえな！」と感動していたものです。

それでも正直にいえば、埋められないほどの差があるとは感じていなかった。このときの僕は、どんな技をやっているのかというような表面的な見方しかできていなかったのです。そのことが、翌年、大学に入ったあと、つらい通し練習をおろそかにすることにつながったのかもしれません。この頃は、つらい通し練習を続けるより、難しい技を習得したい気持ちが強くなっていたのです。

そんな姿勢を変えてくれたのが、第1章でも触れた、大学1年（2007年）8月のユニバーシアード前に参加した代表合宿です。

基礎の大切さを忘れず、つらいこともまだまだやっていかなければならない。

この合宿でそのことに気がつきました。つらい練習を避けたままでいたのでは北京オリンピックに出場することができたはずはありません。いま振り返ってみても、ギリギリのタイミングで自分を見直せたのだと思います。

適切な時期に目標を自分なりに軌道修正することはやはり大切です。

あっ、自分はオリンピックの選手になるんだな

ここからオリンピックへの挑戦が始まりました。

ユニバーシアードのあとに出場したインカレ（全日本学生体操競技選手権）では個人総合で1位になれました。このあたりから「体操は6種目だ」という意識が強くなり、**オールラウンダーとして世界チャンピオンになりたい**と考えるようになったのです。

当時の日本のエースだった冨田洋之さんは、2005年のメルボルン世界選手権で笠《かさ》松茂《まつしげる》さん以来の個人総合優勝を果たしていました。冨田さんは「6種目やってこそ体操」、「美しくなければ体操ではない」ということを信念にされていたので、その考え方が刷り込まれたのだと思います。

それまではオールラウンダーとしてやっていく自信がなかったものの、インカレで結果を出せたこともあり、自分も6種目をやっていこうという気になったのです。

翌2008年は北京オリンピックの代表選考会に出場することになりました（2次選考会となる4月の全日本選手権と最終選考会となる5月のNHK杯）。

プレッシャーはほとんどなかったといえます。オリンピックに出たい気持ちは当然ありましたが、その段階ではまだ世界選手権にも出たことがなかったので、現実味がなかった。絶対に北京に行きたいという気持ちにまではなっていなかったのです。

社会人選手が強かった時代でもあり、技の構成にも差があったので、上位に食い込めるとは思っていませんでした。あわよくばという気持ちはありながらも、**「楽しんでやるだけ」**、**「今回は経験が積めればいい」**というスタンスで挑めていたのです。

それがかえってよかったのかもしれません。4月の2次選考会は1位通過できました。それは自分でも信じられない結果でした。ここで1位になってもまだ、オリンピックが近づいたようには感じていなかった。それよりも冨田さんに勝てた衝撃のほうが大きかったのです。

その後のNHK杯では、冨田さんが1位で僕が2位となり、オリンピックに出場できることになりました。

オリンピックの代表メンバーに入ったあとも、しばらくは現実味をもてずにいました。その後、合宿に入って、代表のユニフォームのための採寸をしてもらったりしているなかでようやく「あっ、自分はオリンピックの選手になるんだな」と実感できました。自分が身につけるものに日の丸やオリンピックマークが付いているのはやはり特別です。

あきらめなかったらチャンスはある

どんな仕事でも、大きな舞台の大事な場面で失敗したときのリカバリーは本当に重要なものです。

北京オリンピックでは8月12日に団体総合の決勝が行われました。

チームの柱はもちろん冨田さんで、僕は4種目に出場しました。

このときは、先輩たちに迷惑をかけないようにミスをおさえるということをまず考えていました。とはいえ、いちばん若いのは僕なので、チームに勢いをつける役割を果たしたい気持ちはありました。

結果は2位で、銀メダルでした。

1位の中国には7・25点という差をつけられたので、さすがにショックでした。今日の体操の団体戦における7点差は、大変なものです。これだけの差があれば、中国の選手が7回落下していたとしても勝てなかったことになります(器具からの落下は1・0の減点)。

地元チームということで点数が出やすい面はあったにしても、この大会の中国は史上最強といえるチームになっていました。中国は個人種目の金メダルも独占したのに近かった。何度、中国の国歌を聴いたかわからないくらいだったのです。

個人総合の決勝は、1日空けた8月14日でした。

このとき、僕は大きな失敗をしてしまいます。**2種目目のあん馬で二度も落下してしまい、それだけでマイナス2点になりました。最初の床が良かっただけに、この落下でモチベーションが一気に落ちてしまった。当時はまだ若かったこともあり、正直にいえば、ふてくされたようにもなっていたのです。**

もういいや、というくらいの感じになっていたところで、森泉貴博《もりいずみたかひろ》コーチから「ポール・ハムも跳馬でミスしたのに金メダルを取っているぞ」と励まされました。

ポール・ハムはアテネオリンピックの個人総合で金メダルを取ったアメリカの選手です。アテネでは4種目目の跳馬の着地で派手に転んで12位まで順位を下げたのに、平行棒と鉄棒で高得点を出し、逆転して金メダルを取っていたのです。

森泉コーチからは「あきらめなかったら、まだチャンスはある」とも言われて、気持

ちを入れ直しました。

跳馬、平行棒と、いい演技ができました。5種目が終わった段階で4位にまで順位を上げられました。序盤では20位台になっていたのですから、かなりの追い上げです。

最後の鉄棒では、三度の離れ技（器具から手を離して行う技）を入れる構成に変えたので、「着地勝負になるな」と意識しました。ミスのない演技をして、着地をしっかり止められたなら銅メダルに届くのではないか、と思ったのです。

着地は成功しました。

銅メダルではなく銀メダルを取れたのは嬉《うれ》しい誤算でした。3位になれたかなと思って電光掲示板を見たとき、2位になっていたのは驚きでした。

一度失敗してもあきらめないこと、気持ちを切り替えて自分の力を出し切ることが、どんな舞台でも大切だと体で学ぶことができました。

Process

6

勝負の場で一度失敗してもあきらめないこと。気持ちを切り替えて力を発揮できるかが最も重要。

世界の舞台で戦うための準備ができた

実は、メダルの色として、金と銀と銅の差は大きいものです。

金メダルを取れる可能性もあるなかで、力のすべてを出しきれなかった場合は銀メダルになります。金メダルに手が届きそうに思えていても、実際には埋められない力の差がある場合も銀メダルです。

銅メダルを取った経験は少ないのですが、いろいろなことに左右されるメダルです。

金メダルは取るべくして取る。

それだけの力があるうえで本気で狙っていかなければ取れるはずがないメダルです。

この大会での僕は世界デビューしたばかりの選手にすぎず、プレッシャーもなくオリンピックの舞台を楽しめました。

それでいながら得られたものは本当に大きかった。

北京での個人総合の戦いは、4年後のロンドン、8年後のリオデジャネイロでの戦い方にはっきりとつながっていきます。

失敗しても、あきらめないこと。

勝負どころではしっかりと決めきること。

着地は止めること！

こうしたことが個人総合でチャンピオンになるために必要な条件になります。そのことを北京で痛感しました。

この当時はがむしゃらにやっていただけで、そういう意識はしていなかったのですが、北京オリンピックを僕なりに戦いきったことで、世界の舞台で戦うための準備ができたのだとも思います。

ぶれない目標を定めること

北京オリンピックが終わった瞬間、4年後のロンドンオリンピックにおける自分をイメージしました。ロンドンオリンピックの代表になれるかもわからないのに、**「ここから1年ごとに、金メダルを取るために必要なことを積み上げていこう」**と考えたのです。

技を増やしながら、2012年のロンドンの1年前には構成を固める。そこから1年かけて仕上げていく。そういう4年間の道筋を思い描きました。

北京が終わったあとは、ほとんど毎日、「どうすればロンドンで金メダルを取れるか」を考えていたのです。北京オリンピックの2年後くらいから、世界の競技全体の傾向として、これまであまり見られなかった難度の高い技が新たに使われるようになったので、そういう技の習得にも取り組みました。そのうえで2011年には予定どおり構成を固めることができました。

途中過程で想定外のことがあっても、軸となる目標はぶれることなく、全体としての計画は見失いませんでした。

4年間で必要な準備をしっかりやっていこうと決めて、実際にそうすることができたのです。北京が終わったまさにそのとき、ロンドンへの道を歩き始めていたのです。

Process

7

先の目標があるなら、そこに到達するまでの道筋をまず考える。計画を見失わず、1日1日、1年1年、準備を進めていく。

周りの期待はプレッシャーにならない

周囲からの期待をプレッシャーに感じる人も多いと思います。

2009年の世界選手権は、3年後にオリンピック開催を控えたロンドンで行われました。オリンピック翌年の世界選手権は団体総合がないので、個人総合で世界チャンピオンになることを目標に絞っていました。

普段は結果を残すことより自分の演技をやりきることを重視しているのに、2009年は〝**絶対に世界チャンピオンになる！**〟と決めていたのです。

北京オリンピックのあと、冨田さんたちが引退されていたので、「これからは内村が日本のエースになる」とも言われていましたが、そういう声はほとんど気にしていなかった。**そもそも僕は、周りに何を言われても気にしないタイプなのです。**

結果は、世界チャンピオンになることができました。

表彰式のあとには「世界一高いところだと思ったら鳥肌が立った」とも口にしました。

一方で、ロンドンの世界選手権では細かいミスがあったので、「**次はミスをなくした**

い」、「同じ勝つにしても勝ち方が大切になる」と考えるようになりました。

翌2010年の世界選手権はオランダのロッテルダムでした。

このときは個人の連覇よりも団体で金を取りたい思いのほうが強かったのに、団体は北京オリンピックに続いて2位に終わりました。

強いメンバーも揃っていたうえに流れもよかったのですが、最後のところでミスが出てしまったのです。団体戦では、自分以外の選手がミスをしないようにはコントロールできないので、その部分の難しさを知りました。

振り返ると、周りからの期待は、自分のやるべきことに集中し、そこに向かっていれば、気にならなくなるものではないでしょうか。

東日本大震災の日

一方、体操をしていて、自分が周囲の人たちから応援され、また、誰かを励ますことができる立場になっていけたことは大きな変化でした。

2011年3月に大学を卒業しました。卒業後、コナミスポーツ&ライフ(現、コナミスポーツ)に入社したのは3年生の段階で決めていたことです。体操に専念できる強いクラブでやっていきたかったので、迷うことはない選択でした。

3月10日が大学の卒業式だったので、翌日、コナミスポーツクラブの拠点となる埼玉県の草加《そうか》市へと移りました。

東日本大震災が起きたのは、草加市に着いたあと、体育館であん馬の練習をしていたときのことでした。

最初は揺れていることにも気づかず練習を続けていたのです。ところがみんなが騒ぎ出して、監督も大きな声を出していた。ただごとではないのに気がついて、練習を中断して外に出ました。

道路が波打っていました。

立っていることもできず、この世の終わりではないかと思ったくらいです。

その後、計画停電などはありましたが、周囲の被害はそれほど大きくはなかった。これからどうしていくべきかと悩みながらも練習を続けました。

この年の世界選手権は東京で行われる予定になっていて、翌年はロンドンオリンピックです。**体操が自分の仕事になったばかりなので、練習するしかなかった。草加で暮らしていると、「いつも見てます」、「頑張ってください」といった声をかけられることも多かった。**震災関連で自分にできることがあるならやりたい気持ちはありましたが、結局、自分は体操を続けていくほかはないのだと思いました。

試合が普通に行われるかはわからなくても、そのときに向けてしっかり準備しておく。大会が行われたときには、被災地の方を勇気づけられるような演技をしたい。

そういう考え方をするようになっていました。

10月の世界選手権が東京開催なのは4年前から決まっていたことだったのに、予定どおり開催できるかは危ぶまれました。東京開催に難色を示す国もあったからです。それでも、「震災に負けず頑張っている姿を示したい」、「そういう日本を応援したい」という意見が優勢になり、開催できることになったのです。

こうした背景もあったので、この年の世界選手権は僕にとっても特別な大会になりました。

Process

8

周囲からの期待をいかに自分の力に変えていけるか。
むしろ、応援してくれる人に力を与えたいと願うのも大切。

ゾーンに入れた2011年の東京世界選手権

スポーツ選手はどうすれば、ゾーンに入る(超集中する)ことができるのでしょうか。

2011年の世界選手権では、団体の金メダル奪取と個人総合3連覇を狙うだけでなく、競技以外の部分でも被災地の人たちに自分たちの思いを伝えたかった。プレッシャーにもなっていたくらいだったのですが、それをマイナスではなくプラスにすることができたのです。

結果からいえば、団体は再び銀でした。

この特別な大会において、5種目目まではすごくいい流れできていて、これはいける！と確信しかけていたところで、6種目目の鉄棒でチームにミスが出たのです。

勇気や感動を届けたいということでやってきていながら、そんな結果になってしまったことはショックでした。団体ではもう、何をどうしても金メダルを取ることはできないんじゃないか……と思ってしまったほどです。

その後、切り替えはできました。

2日後の個人総合決勝は、震災後の大会というだけでなく、僕にとっては特別な試合であり、特別な1日になったのです。

朝、目覚まし時計が鳴る前、まだ寝ている状態にもかかわらず、今日はすべてがうまくいくというのが感覚的にわかっていました。目覚ましが鳴ってベッドを出ると、やっぱりコンディションはすごく良かった。

「今日はなんでもできそうだな」という気になり、実際にすべての種目がうまくいったのです。このときの僕は「ゾーンを感じた」ともコメントしましたが、そうとしかいいようがない境地に入れていました。

一生忘れることができない感覚であり、あの日限りのものだったといえます。

どうしてそういう境地に入れたのかは自分ではわかりません。

震災のあと、特別な気持ちで望んだ大会だったこと。

技の構成が当時の自分にとってはベストのものにできていたこと。

当時22歳で、心身のコンディションがいちばんいい時期だったことなどが要因に挙げられると思います。

前年のような肩の痛みがなかったのもよかった。

ただ、この大会の1か月半ほど前に足を捻挫《ねんざ》して、足の小指の骨も折れていたのです。しばらく練習できなかったあと、急ピッチで仕上げたので、大会中、足がつるような感じがあったのに、この日だけはそれもなかった。

予選の段階で、足がつらないように力を抜いておき、ここぞというときだけ力を入れるやり方を試していたのです。そのやり方でいけるのがわかったので、この日もそれを意識しました。そのため、力まずに済んだのもよかったのかもしれません。

あとから振り返れば、この時期に心身ともにピークにあったのだと思います。

技そのものはこの後もさらに難しいことをやっていくようになりますが、目立った故障箇所もなく、体の状態はいちばん良かった。

自分の中でいちばん体操がおもしろかったのも22歳頃かもしれません。

いい準備をしていれば、自然にコンディションは良くなる

僕にとっては、**練習＝最高の準備**です。

翌2012年はロンドンオリンピックです。

前年のうちに代表権は獲得できていたので、代表選考会となる大会をうまく使って準備して、人生最高の試合にしたいと考えていました。

大会当日をピークで迎えるために練習量をコントロールしていく人もいるようですが、僕はそういう考え方はしません。

本番に合わせていかなくても、「いい準備＝練習をしていれば、自然に試合当日のコンディションは良くなっているはず」という考え方です。それが、自分の細かい動作などスタイルの確認にもつながり、良い演技を本番で行うことにもつながっていきます。

ハードな練習を続けたあとに一度ゆるめるといった調整はしないで、当日まで突っ走っていくのです。

理論的にどちらがいいのかはわかりません。でも、僕の中では**ゆるめるというのはさぼると同義語に近い**ので、アップダウンをつくるやり方はできないのです。年間スケジュールとしては4月に全日本選手権、5月か6月にNHK杯が組まれる場合が多いので（2012年のNHK杯は最終選考会を兼ねて5月の開催）、NHK杯のあとに1週間ほど休み、そこからオリンピックまではゆるめずに練習していくのが自分なりのやり方でした。

Process 9

ゾーンに入る条件は複雑である。超集中できずとも自分を信じられるように、日ごろから練習=最高の準備をしていくこと。

オリンピックにはやっぱり魔物が棲んでいた

最高の集中に入ることができることもあれば、大きな落とし穴が待っていることもあるのが勝負の世界です。

ロンドンは、世界選手権の個人総合で3連覇したあとのオリンピックだったので、金メダル確実と言われて臨んだ大会でした。

周囲の評価は気にしていなかったとはいえ、自分で自分に期待していました。個人総合と団体のどちらでも金メダルを取る！　種目別でも取れたなら、3つから5つくらい金メダルを取れるのではないか。

そんなふうに考えていたのです。

1992年のバルセロナオリンピックでは、ビタリー・シェルボというベラルーシの選手が6つの金メダルを取っていました。この選手のようにオリンピックの歴史に名を残せるような大会にしたかった。そうして自分に過度な期待をかけてしまったことが、結果的にはプラスに働かなかったのです。

「これがオリンピックに棲《す》んでいるという魔物なのか……」

予選が終わって選手村に戻ったときにそう思いました。

予選では、鉄棒とあん馬で落下してしまいました。自分らしくない演技が続いて、予選得点によって出場が決まる種目別決勝に進めるのは、床だけになりました。

落下した瞬間などには見えない力が加えられた気もしていましたが、気持ちが入りすぎていたことにも原因があったのだと思います。

北京オリンピックはもともと出場できるとは思っていなかった大会だったので、プレッシャーもなく臨めた大会でした。しかし、ロンドンは4年間かけて準備してきた大会です。

それだけの時間をかけて自分がやってきたことの総決算として最高の大会にしたい！そうした気持ちが強すぎたのかもしれません。

もうひとつ、予選に臨む段階から調子がいいように感じていながらも、実際はオーバーワークになっていた部分があったのだと思います。

本番に向けて練習量を落とさず仕上げていくのが自分のスタイルだとはいえ、このときは少し自分を追い込みすぎていた面がありました。

僕がそれくらいの練習をしていれば、チームメイトもついてきてくれるのではないかと思っていたからです。でも実際は、僕だけが走りすぎていた。

そういう要因が絡み合って魔物が生み出されていたのではないかという気がします。

オリンピックチャンピオン=世界の頂点へ

最初に決勝が行われた団体総合は2位でした。

少し振り返ってみると、僕以外はみんなオリンピック初出場というメンバーだったので、僕と他の選手の意識の差が大きかったようにも思います。

僕は金メダル以外はいらないという気持ちでしたが、他の選手たちはオリンピックに出ることにまず価値を感じていました。北京に続いての2位なら、むしろ4位くらいで終わっていたほうが次のリオにつなげられるのではないかと僕は思いましたが、他の選手たちがそんな考え方をするはずがありません。銀メダルを取れたなら喜ぶのは当然です。

覚えている人も多いかもしれませんが……。この団体では、最終競技が終わった時点で日本は4位と掲示板に表示されたのです。判定をめぐって抗議した結果、2位に変更されました。この判定は、最終演技となった僕のあん馬の終末技である倒立をめぐるものでした。手を滑らせたようになりながらそのまま着地に入ったので、終末技ができなかったものとして採点されたのです。抗議により終末技の成立が認められ、点数が修正されて日本が2位になったのです。

いずれにしても、しっかりと技を決めきれなかった僕のミスです。そのこともあり、この銀メダルに関しては手放しで喜ぶ気にはなれませんでした。

2日後の個人総合では、落ち着きを取り戻せていました。

過度な思いを抱かず、これまでどおり自分の演技をすればいいだけだ、という気持ちになれていたのです。

団体決勝で最後に判定でもつれたあん馬からのスタートになったので、あん馬を乗り切れば流れに乗れると考えていました。完璧《かんぺき》な演技にはできなかったとはいえ、15点台という高得点に乗せられました。この後もつり輪で15点台、跳馬で16点台を出せました。

この跳馬では、助走の段階で「あ、止められるな」と直感して、実際に着地がうまくいきました。そのときの感覚は今も残っています。予選や団体のときとは試合への臨み方が違っていたからこそ、そういう感覚をもてたのだと思います。

この段階でコーチからは演技の構成を変える提案を受けました。5種目目の鉄棒で少し難度を落としてはどうか、というものです。

鉄棒では予選で落下していたこともあり、確実に金メダルを取りにいこうと考えてのことでした。技のレパートリーはたくさんあったので、多少難度を落としても点数はそれほど低くなりません。

4年間かけて練り上げた構成なので、まったく抵抗がなかったわけではないですが、柔軟に対応してしっかり金メダルを取ることも大切だと思い、変更を決めました。

もちろん、**柔軟に対応することができたのは、これまでの積み重ねや準備があったからです。**ここまで積み上げてきたものがあるからこそ、最も重要な基本の動きの上に、少し構成を変えた演技を実施するといった調整も可能になります。

平行棒と鉄棒でも15点台を出すことができ、この段階で2位以下の選手に十分なリードをつけることができました。そして最終種目の床も15点台でまとめて、金メダルを取れたのです。
僕にとっては初めてのオリンピックの金メダルです。
苦しい道のりでした。
オリンピックチャンピオンという言葉の響きはやはり特別なものがあります。
表彰式でオリンピックチャンピオンと呼ばれたときは夢を見ているような感覚でした。

Process

10

自分を追い込みすぎるのは、
必ずしもプラスに働かないこともある。
想定外のことが起きても、
積み上げてきたものがあれば対応できる。

ピークを過ぎてからの戦いへ

どんな仕事でも、自分のピークを過ぎたと自覚したときから、本当の戦いが始まることがあります。

ロンドン五輪で本当に満足いく結果を残せていたなら、引退することも頭になかったわけではありません。

でも、団体でも種目別でも金メダルを取れなかったので（ロンドンの種目別では床で銀メダル）、「これではやめられないな」という思いが強くなりました。**「いちばんいいときにやめる」という選択です。**

団体決勝では、ずっと一緒にやってきていた山室光史が足を骨折していました。山室とは「4年後にリベンジしよう」と言い合っていました。そう約束したこともありますが、団体の金メダルはなんとしても取りたかった。

自分はピークを迎えているので、ここからは落ちていくしかない。そのことは自分がいちばんよくわかっていたし、かなり考えました。

下り坂に入るところはあまり見せたくなかったけれど、「まだやれるんじゃないか」と気持ちを切り替えることができました。

ロンドンではかなり精神的に疲弊したこともあり、次の1年間は疲労を抜くためにも、技の難易度を下げながらやっていこうと考えました。

「美しい体操」というものを表現できているなら、世界一にはこだわらなくてもいい。そんな気持ちになれていたのです。

想像しにくかった30代での東京オリンピック

2013年の世界選手権はベルギーのアントワープでの開催でした。

個人総合での世界選手権連覇が4に伸びたことで、またつらい日々を過ごさなければならないんだな、ということも頭をよぎりました。

キングという呼ばれ方をするようになったのもこの頃からだった気がします。世界選手権の4連覇が男女通じて初めてのことだったのも関係しているのだと思います。

キングといえば頭に浮かぶのはサッカーのカズ（三《み》浦《うら》知《かず》良《よし》）さんなので、最初は否定していたのです。

でも、外国の選手たちも普通にキングと呼びかけてくるので、いちいち反応するのはやめました。王様気取りでいたわけではもちろんありません。自分がやってきたことが認められたからこその呼び名なのだから、そんなに嫌がらなくてもいいかなという気になってきたのです。

２０２０年の東京オリンピック開催が決定したのもこの時期でした。

東京開催が決まったことは嬉しかったですが、東京まで現役でいるのはかなりきつい。リオで27歳、東京が２０２０年開催として31歳です。

体操の世界では25歳あたりで大きな分岐点を迎えます。

一線を退くか、28歳あたりまで続けるかで悩む選手は多く、続ける選択をしても、28歳あたりで限界を迎えやすい。

30代で体操をしている自分はまったくイメージできなかった。

ロンドンでの引退も頭にあったほどなのに、ここから2つのオリンピックを考えるに

は未知の部分が多すぎたのです。

しばらく東京のことを考えるのはやめようという気持ちになっていたというのが、本当のところでした。

「おめでとう」と言われなくなる寂しさ

2014年の世界選手権は中国の南寧《なんねい》での開催でした。

メンバーが揃っていたうえに、みんなが個人目標を口にするよりもまず「団体の金」を目指していたように、チームとしてすごくまとまっていた。これは勝てるんじゃないかと思って臨んだ大会であり、団体総合の途中段階では勝てると確信できていたのです。でも結果は0・1点差の2位となり、中国に敗れました。中国は地元だから点数が高かったのではないかとも言われますが、結果は結果です。勝てなかったのは自分たちの実力不足と認識するしかありません。

それでも、失望はしませんでした。

また銀だったか……と落ち込むのではなく、この手応《てごた》えを生かして足りないところを

補っていけば「次は金を取れる」と思うことができていた。

不測の事態が起きたり、微妙な点数の争いになったりしても、勝つためにはどうすればいいのか？　前向きにそういう考え方ができるようになっていたのは収穫でした。

団体総合のあとの個人総合では、難度の高い技を入れながら、およそ思いどおりの演技ができて、５連覇を果たしました。

このときは個人総合3位になった田中佑典と同じ部屋でした。田中の携帯は鳴りやまないほどに鳴っていたのに、１位だった僕の携帯はまったく鳴らなかった。

５連覇は大変なことなのに、「おめでとう」と言われなくなってしまう寂しさを少しだけ感じていました。

Process

11

周囲から勝って当然と思われても、自分が一歩一歩前進し続けることが最も大切！

歴史を変えるために

求めていたものをつかむことができた瞬間が訪れました。

翌2015年の世界選手権で団体金メダルを取ることができました。イギリス（スコットランド）のグラスゴー大会です。

最後の種目の鉄棒で、最終演技者の僕が14点以上を出せば金メダルを取れるところまできました。

演技には冷静に入れたと思います。その演技中にものすごい大歓声が起きたことを覚えています。地元のイギリスがその時点でトップに立ったことが掲示されたからです。それが理由だとはいいませんが、この鉄棒で僕は落下してしまった。

1点の減点があっても14点には届くはずだったのですが、ひとつのミスも許されない状況に追い込まれました。それでも、そこからはしっかりと演技をやりきることができ、出された点数は14・466点でした。

イギリスに0・473点差をつけての1位です。

歴史を変えられた瞬間でした。

世界選手権では37年ぶりの団体金メダルです。僕にとっては2008年の北京オリンピック以来、なによりも求め続けていたメダルでした。

嬉しいというよりは、「やっとここまで来られたな」という感覚でした。

このとき、加藤凌平《かとうりょうへい》から「やっと取れましたね」と言われたことがすごく印象に残っています。加藤にしてもロンドンから数えれば、団体では三度目の正直になります。でもこの言葉は、その倍を戦ってきた僕に向けられてのものだった気がします。

加藤に限らずみんなが、僕に団体の金を取らせたいと思ってくれていたのが伝わってきました。「いいチームだな」と感じられた大会でした。

個人総合でも6連覇を達成できました。

少し技の話をさせてください。

この大会では跳馬のリ・シャオペンという技を行っています。側転をして後ろ向きにロイター板を踏み切り、ひねりをかけながら跳馬に手をついて、体を伸ばして前方宙返りをしながら2回半ひねりを加える大技です。跳馬において自分がやった技のなかでは、もっとも難度が高い技です。

リ・シャオペンは、団体で金を取るために習得しようと決めた技です。

全体的に跳馬では点数が取れるチームになりそうだったので、より点数を取れるようにしたかった。跳馬は技が決まればわかりやすく点数が出る種目なので、確実に高い点数を取れるようにするのが狙いでした。本来、**僕はそういう計算は働かせないタイプなのですが、それだけ団体の金メダルを取りたかった**のです。

このとき僕は26歳になっていました。リオを見据える意味でも覚えておきたい、こだわりの技だったのです。

優勝後には、テレビカメラに向かって6本の指を立てるパフォーマンスをしました。このときは初めて優勝したとき以上の満足感があったのです。

団体で優勝できていたのが大きかったし、「やりきった!」という達成感も大きかったからです。

コンディション的にはやはりきつくなっていました。

予選、団体決勝と6種目ずつやってきて、また個人総合の6種目をやらなければならないのか……と思いましたが、自分の仕事なのだから死ぬ気でやるしかない、と力を出しきった。それでなおさら感情が昂《たかぶ》ったのだと思います。

ひとつ大きなところに到達できた大会であり、リオに向けてのいい流れができたとも感じました。

この頃、個人総合の連覇については、それほどこだわらなくなっていました。この大会でもそうでしたが、**目の前の試合を1つひとつミスなくやっていけばおのずと結果がついてくるだろう**と思っていたのです。

このときからか、5連覇のときからか、「いつ終わるんだろうな」とも思うようになっていました。

普通に勝ち続けていられる違和感のようなものがあったといえばいいのでしょうか。

人生において、これほどうまくいくことなんて、普通はありません。ここで自分の運をすべて使ってしまっていて、この先いいことなんて何もなくなるのではないかなという不安をもつ部分もなくはなかったのです。

勝ち続けるつらさも味わうようになってきました。

一度結果を出すことで「型」ができる

こうして、2016年にリオデジャネイロオリンピックを迎えました。

この大会前の僕は**「団体金メダルのことしか考えていません」**という言葉を発し続けていました。偽りのない本音でしたし、それだけ団体の金メダルを渇望していたのです。

団体総合のチームマネジメントについて詳しくは第4章にまとめますが、決勝で落下などもありながら、勝敗の分かれ目になったのが4種目目の平行棒です。グラスゴーでは落下していた田中佑典が大会最高点を出した段階で「勝ったな」と思いました。

残りは鉄棒と床です。僕の体力さえもてば大丈夫だと思い、他の選手の演技は見ないで自分に集中しました。

やり抜くことができました。

それでようやく念願のオリンピック団体金メダルを手にすることができたのです。

世界選手権の金メダルとオリンピックの金メダルはやはり違います。メダルへの思いも強くなるので、準備に対する意識もおのずと高くなります。

振り返ると、オリンピックの前に２０１５年の世界選手権で金メダルを取れていたことも大きかった。

チームとして金メダルの取り方を知っておかないと、オリンピックで金メダルは取れないと思っていたので、それができていたのがここで生きました。

1位の取り方を経験しておくことはそれくらい大事です。

一度取ってみないとわからないことは必ずあります。**一度勝つことで型ができれば、そこから必要に応じてアップデートしていけばいいという感覚になれる**のです。

技の難度やクオリティの問題だけではありません。個人にしても団体にしても、試合の運び方などが本番ではかなり重要になってくるものです。

「自分は2種目目に崩れやすいから、そこではより気持ちを強くもって臨まなければならない」というようなことがわかってくれば、対策もとりやすくなります。

やみくもに努力するのではなく、〝目的達成には何が必要なのか〟〝どこを修正すべきなのか〟といったことを考えながらやれていてこそ結果を出せる。

どんな仕事でも、大舞台で結果を出したいならば、できるだけ早く、一度でも、似た

ような舞台を経験すべきなのだと思います。たとえ最初は失敗して反省をしても、そのときの感覚や景色は必ず財産になります。

そういうものなのだと思います。

Process

12

勝つことには「型」がある。
大舞台で結果を出したいならば、
早くその舞台を経験しておくことが成功につながる！

ゾーンの向こう側？

僕の生涯のベストファイトは、この大会の個人総合決勝です。ウクライナのオレグ・ベルニャエフとの争いが最後までもつれ、0・099点差という僅差での金メダル獲得となりました。この戦いは二度とできないほどのもので「もう1回やったら負ける」と思っています。

あの場のあの瞬間でしか出せないすべての力を出すことができた。

なぜ、それができたのかといえば、オレグより僕のほうが練習をしていたからだと思います。

最終種目の鉄棒で、僕はしっかり着地したのに、オレグは止めきれなかった。

その一歩の差だけです。

オレグが最後の着地を止めていれば、間違いなくオレグが金だった。

オレグに勝てた理由を聞かれたら、やはり答えはひとつです。僕の方が練習をしていたからだと思います。

あのとき僕はあまり点数は気にしていませんでしたが、ものすごく緊張感があったし、あのような試合ができたこと自体が幸せでした。

5種目が終わっていた時点では、オレグのほうがほぼ1点、正確にいえば0・901点、上だったのです。

点数は意識しないようにしていたなかでも、最後は開き直りました。

勝ち負けにこだわりすぎず、自分のありったけを出せればいいという感覚になれていたのです。「どうにでもなれ」という開き直りがありながら、意外と冷静に周りを見渡すこともできていました。

〝ゾーンの向こう側〟と勝手に名付けているのですが、そういうところに到達できたようにも思います。

もしかしたら、準備によって積み上げてきたものがあるうえで、心身のコンディションがしっかりと整っている。そのうえで危機的状況に追いつめられたときに人間は本気を出せる。普段は到達できない境地に入っていけるのかもしれません。

このときは練習のような感覚で試合に臨めた気もします。

練習は試合を想定してやりなさい、試合は練習のようにやりなさい、という言い方がされることが多いですが、僕はそうじゃないと考えていました。

練習はあくまで練習で、試合は試合だと捉《とら》えていたのです。

でもこのときは、練習と同じように試合ができたのです。

危機的状況であるのを感じ取ったことで頭がフル回転して、どうするのが最善なのかを導き出せたのではないかとも思います。

体操の難しさ、おもしろさが伝えられた人生最大の戦い

勝ち負けは関係なく、あれだけの試合はなかなかできません。僕の体操人生でもナンバーワンの試合です。

調子は決して良くなかったのに、すべての演技がうまくいきました。

本当に生涯一度きりといえるような試合になりました。

オレグがいてくれたおかげです。

オレグはもともと難易度の高い技をこなす実力ある選手でした。それでも完成度が低い面もあり、大事なところでミスをすることが多かった。

前年のグラスゴー世界選手権でも、サブ会場から本会場まで僕の前を歩いているときにそわそわしているのがわかり、これではダメだろうなと思っていたら、案の定、個人総合は4位に終わりました。

リオでのオレグは、うってかわって落ち着いていました。その段階で今日は手ごわそうだなと感じました。僕としては、自分の演技に集中するだけなので、そこで動じることはなかったのですが、それくらいオレグは変わっていました。

オリンピックに合わせて自分の弱さを克服できていたのだと思います。

僕たち2人だけが注目されたのは他の選手に悪かったですが、オレグがいたことで最高の試合にできたのは間違いありません。

オリンピックで個人連覇できたことはもちろん嬉しかった。

それだけではなく、**体操がどれほど難しく、どれほどおもしろいものなのかを伝えられたのではないのかな**と思います。

みなさんの記憶に残してもらえるような試合ができたことを誇りに思っています。

Process

13

勝負を分ける着地の一歩にこそ練習量が表れる。練習していたことを試合でやるのが、最高のパフォーマンス！

第3章

コンディショニング

自分だけの「ベスト」を考える

Conditioning

引退イベントで演技順を待つ

つらい仕事や練習を毎日続けていくのは
難しいことではない。
何かを成し遂げるために集中力をつけ、
心や体をうまくコントロール
していきたいと考えるなら、
工夫次第でやり方は見つけられる。

Conditioning

余計な思考を止めてしまうメリット

自分をコントロールする。簡単そうに見えて、これほど難しいことはないのではないかと思います。

もし自分がサラリーマンになっていたらどうだったか。

もしもあまり楽しいと感じられる仕事ではなくても、まずは心を無にしてやっていたのではないかな、という気がします。

作業に徹する感覚です。

僕は体操で毎日きつい練習をしていましたが、本音では、やりたくない日はやっぱりありました。そういうときは、心を無にして、毎日やるべきことを淡々とこなしていったものです。

無の境地というような大げさなことではなく、ただ目を開けているだけで、何も考えない感じです。

練習では準備運動から始めるので、体がきつくて今日はつらいな、というときはその段階から心を無にしていました。

どうしてこんなことを続けなければならないのか、といった疑問は挟まない。それでも、何も考えずに続けていると、少しずつ心が乗ってくる。いつのまにか嫌だという気持ちはなくなり、練習に集中できていたのです。

仕事の場合もそういうやり方が応用できる気がします。

余計な思考を止めてしまい、日課を始められたなら、今日は気持ちが乗らないからやめておくといったことがなくなるはずです。

習慣化するコツとしては、「朝起きたらすぐに○○をする」、「AをしたらBをする」というように時間を決めたり、やるべきことを他の行動と関連付けするのがいい、なども言われているようです。

それはおそらく、その作業を日々のルーティーンにしてしまうことで「なぜ？　どうして？」といった疑問を挟まずに始められるようになるからなのだと思います。

こうしたやり方を導入しようとしても、どうしてもあれこれ考えて、拒否反応を示してしまうという人もいるかもしれません。

そういう場合は、真逆の発想で、考えに考えて、考え抜くのもいいかもしれません。**考えるだけ考えた先に、自分なりの答えが見つかり、〝何も考えなくなる境地〟がある気はします。**

そこに行き着けば、行動に疑問を挟まなくなります。

「発想の転換」でつらいことを楽しむ

つらいと楽しいは紙一重のところがあります。

そういうと極端に聞こえるかもしれませんが、つらいことをつらいと思わなくなるようにはできます。

発想の転換です。

体操でいえば、つり輪の練習はかなりつらい。静止技は、試合では2秒止めればいいのに、練習では10秒止めることを3回やったりします。そうすると3回目には腕がパンパンになり、力が入れられないくらいになります。

だけどそこで、「腕がパンパンできつい」といった表現を使わないようにします。そういうときには「筋肉が喜んでいる」と言うようにするのです(笑)。

少し極端なようですが言葉を変えただけで、成長してるぞ！　と感じやすくなり、楽しくなってきます。

言霊《ことだま》のようなもので、楽しいと口にすれば楽しいし、つらいと口にすればますますつらくなってしまう。

だからこそ僕は、つらい、苦しいといった言葉は口にしないようにしています。

困難に立ち向かったり、難しいことをマスターしようとしたりする際に「なんで、できないんだろう？」と悩む人は多いと思います。

そういうときにも**「できないのが普通のこと」、「すぐにできたらおもしろくない」**という考え方をすればいいのです。

その発想でいれば、できない理由を自分で考え、正解にたどり着くこともできます。

実際のところ、すぐにできるようなことなんてつまらないものです。

簡単にできることは飽きるのも早く、すぐにおもしろくなくなります。

つらいと感じることが目の前にあるのはむしろ幸せなのだと思っていいはずです。

Process

14

日々やるべきことを、まず何も考えずに続けてみること。発想を転換すれば、つらいことも楽しめる。

集中の鍵とは？

物事を成し遂げるには集中力が必要になります。

試合に臨む際は、競技にのみ集中するモードに入ります。

僕が重要だと考えているのは〝目力〟です。

目をカッと見開くことで、モードを切り替えられる。

鉄棒ではとくに一度離したバーをまたキャッチしたりするので、目から得る情報が大切になります。**感覚としては、目が脳だと思ってやっているのにも近い。**

そのため、演技に入る前にまず目に力を入れるわけです。

僕だけの感覚かもしれませんが、目を見開く意味はかなり大きい。寝起きで目がぼやけているときに集中できないのは当然だとしても、いつもよりカッと目を開けられる感じがするときは、試合でもいい結果に結びつきやすい気がします。

それで僕は、演技に入る前に目を見開くようにしています。

演技前に目を閉じる人もいるし、そのあたりは人それぞれです。自分でいちばんいい方法を見つけられたなら、それがいちばんのはずです。

もうひとつは、やはり深呼吸です。

意識的に、ふうっと力強く息を吐き出すと、スイッチが入ります。

一般的には息を吸うと交感神経が優位になって緊張状態になり、息を吐くと副交感神経が優位になってリラックス状態になるといわれます。

僕の場合は理屈ではなく、自分なりにいいと思えるやり方をしています。

深呼吸の効果もあるのか、演技が始まる頃には、ほとんど何も考えていない状態になっています。

集中力というものは、おそらくトレーニングでも鍛えられると思います。

僕の場合はもともと高いほうだったのかもしれません。親から聞いた話では、3歳の頃から、何かに夢中になると、他のことは〝見えない聞こえない状態〟になり、ひたすらそのことだけをやっていたようです。

体操の競技中は極限まで集中しています。

競技が終わったときにいちばん疲れているのは脳で、肉体的なつらさは翌日以降にくるものです。

競技が終わった瞬間は、インタビューを受けても日本語が入ってこないこともあります。質問を受けたあと、「いまなんて言いました?」と聞き返している場合も多いのです。その後しばらくのあいだは、スマホを見ようとしても文字が読めないこともあります。それだけ競技中は集中して目と脳を使っているということなのだと思います。

体操の6種目のための集中術

一般の人にはあまり関係ないかもしれませんが、僕の場合、体操で6種目の演技をするうえで集中力を切らさないためのパターンのようなものもあります。

個人総合決勝を第1組(予選成績上位の組)で回る場合、床から始まり、鉄棒で終わることになります。

床は得意なので、深く考えないでもミスすることは少ない。2種目目のあん馬は落下しやすい種目なので気を引き締める。次のつり輪は失敗がほとんどない種目なので、ある程度、気持ちをフラットにする。

4種目目の跳馬ではまた気合いを入れます。たとえばリオデジャネイロオリンピックではリ・シャオペンという大技をやったので、気持ちを最大限に高めました。跳馬は競技時間が短いため、ここで間が空きます。そうすると集中が切れやすいので、5種目目の平行棒は〝1種目目のつもり〟になって気持ちをつくり直します。

6種目すべてに同じ気持ちで臨むのではなく、そうして気持ちを整えていくことをパターンにしていました。

5種目目までうまくいったときは、そのままいくというよりは、6種目目に気持ちを入れ直すようにもしていました。

こうしたパターンをつくっていくためには、練習や試合を積み重ねて統計を取ることも大切です。数字にまではしなくても、自分の中で傾向のようなものを把握しておきます。その日のコンディションや途中までの流れによって変わっていく部分も多いので、状況に合わせて対応していく。

とにかく自分をよく知っておくことが大切なのです。それは、どんな仕事や競技にお

いても、周囲やライバルを気にする以上に、意識的にやるべきことではないでしょうか。

調子が悪いときに気持ちで負けてしまわないためにも、「調子が悪いときはどうするべきか」も学んでおく。経験を積んでいくことにより、調子が悪いときなりの練習や試合のこなし方というものがわかってきます。

「こういうときはケガをしやすい」といったことも、自分の中でわかってくれば注意もできます。そういう部分までを含めての集中なのだと思います。

Process

15

自分なりのやり方を見つければ集中しやすい。状況に合わせ対応ができるように準備しておくのは重要。

オフをどう考えてどう過ごすか

オンオフの切り替えは、正直なところ、自分はあまりやりませんでした。オフといっても、体操のことを考えてしまうので、極力、何もしないで体を動かさないようにしていただけです。

もともとは、大会のローテーションとしてNHK杯のあと1週間ほど休むくらいで、練習量のアップダウンはあまりつくらないやり方をしていました。

でも、現役時代の後半には体のケアも大変になってきたので、それまでに比べれば、休みを増やすようになりました。**大会のあとは常に1週間ほどゆるめてコンディションを戻していくことを心がけ、普段から木曜と日曜をオフに設定しました。**

若いうちの無理がたたっていたこともあり、練習をゆるめてもなかなかコンディションを戻せないようになっていたのも事実です。そうなるのを避けるためには、**まだ若くて元気だと思っていても疲労を溜《た》めないようにすべきだと思います。**

本来、オフには仕事(体操)のことなどは完全に忘れて、思いきり遊んだりするのもいいのかもしれませんが、僕はそういうことが得意ではなかった。

試合が終わると、必ず自分なりの課題が見えてきます。「あそこはこう直してはどうか」といったことが頭に浮かぶと、どうしても練習がしたくなります。

とくに若かった頃は、試合をやると、体の状態が良くなってキレが増すので、翌日からすぐに練習をせずにはいられなかった。できれば、試合が終わったらそのまま練習したいくらいの気持ちになっていたのです。

といっても、それができるのはさすがに若いうちだけです。**ある程度の年齢になったあとは、試合の翌日はとにかく眠るようにしていました。1日20時間くらい寝ていたこともあります。**

体操のことを考えず、体を休めるには寝てしまうほかはなかったのです。

「日常」を「本番」に近づけるということ

どんな仕事やスポーツでも、体を使うのは同じです。**コンディションに睡眠や起床時**

間は大きく影響してくることになります。

現役時代、通常は1日8時間寝るようにしたうえで生活リズムも考えていました。午前と午後の2回練習する日と、午後だけの1回の日があったので、起床時間はそれに合わせていました。

2回練習の日は朝の練習の2時間前に起きて、午後だけの練習の日は練習の4時間前に起きるように決めていたのです。

朝の練習は、体を呼び起こす基礎練習が中心になるので2時間前に起きれば十分だったのですが、練習が午後だけの日は最初から本格的な練習になります。4時間くらい前に起きないと体をしっかり動かせないので、それに合わせていたのです。

起床時間を決める際にもなんとなくそうしていたわけではありません。

「2時間前に起きるのがいいか、3時間前がいいか、4時間前がいいか」と実験してみて、いちばんいい状態になる時間を確認しました。

試合が近づけば、試合時間に合わせて練習するようにします。受験勉強でも、本番に合わせて勉強時間を調整する人が多いと聞くので、それと同じです。練習時間の調整は、僕に限ったことではなく誰でもやっていることのはずです。

海外で試合がある場合、時差がどうこうというのは言い訳にしかならないと思っていたし、実際にほとんど関係なかった。しっかりと調整できていれば、少し早めに現地入りするだけでほとんど問題はありません。

試合が近づいてきたときも、特別なことはしなかった。普段から試合を想定して練習して生活しているので、気持ちも体も自然に整っていきます。

試合前にどうこうしようとするのではなく、〝日常的な練習をいかに試合に近づけるか〟を考えていたのです。

そうしていれば、海外で試合があっても、日本の田舎町で試合があっても、同じことをやるだけになります。

僕が「一日一食」にしていた理由

一般的に勧められることではないにしても、食事は一日一食にしていました。

体操というのは重力に逆らう競技なので、グラム単位で重さが気になります。わずかな差でも体を動かしにくいと感じることがあるのです。

高3でナショナル強化指定選手に選ばれて、これからは日本代表としてやっていきたいと考えるようになった頃、体を重く感じて練習がうまくいかないときがありました。1日をすごくムダにしてしまうと感じられたので、「だったら練習前には食べないほうがいいんじゃないか」と考えたのです。

目的は減量ではありません。自分で自分の体を重いと感じるかどうかが基準です。

このとき朝と昼は食べずに練習をしてみたら、すごく調子がよかったので、続けるようになったのです。最初はお腹が空くとは感じました。でも、空腹を逃れることと世界一を目指すために練習の効率を高めることを天秤《てんびん》にかければ、迷いはしなかった。**欲に負けているようでは世界一になんてなれるはずがない**、と自分の中で答えが出たのです。

僕の場合はいわゆるダイエットとは違うので、練習後の夜には普通に食事をしていましたし、お菓子を食べたいと思えば食べていました。

若い頃はかなり偏食で、野菜などはあまり食べていなかったのです。栄養学的にはアウトになるにしても、嫌いなものを食べてストレスを溜めるより、好きなものを食べて納得のいく練習ができるようになるほうが自分には合っていると考えていたからです。

もし、野菜を食べれば金メダルを取れるというのであれば、どれほど耐え難くても食べていたはずです。

日本代表には栄養士もつくので、厳しくチェックもされました。ときには反発して、ずいぶん言い合いました。バイキングなどでも、何を取っているかを見られています。野菜がないことについて指摘されると、当時の僕は至らない面もあり、野菜を食べることと金メダルを取ることは関係ないだろうと考え、言われたことを聞かないこともありました。偏食しているからといって当時、競技に悪い影響が出ているとは感じなかったのですが……。

とはいえ、振り返ってみれば、すぐに風邪を引いたり体調を崩したりしていたので、ビタミン不足や、栄養のバランスが悪くて免疫力が落ちているといった問題はあったのだと思います。当時は嫌なことを我慢してストレスを溜めたくない気持ちが強かったのですが、体調を崩せば練習の効率は悪くなります。

やはり、栄養をとることは本当に大切ですね。

自分に負けてしまうのはルール違反に近い？

日本代表になると、精神面を鍛えるためのコーチをつけることも勧められましたが、「自分には必要ありません」と断っていました。

断りきれずに一度だけ受けてみたことがありましたが、「仰向けになって目をつぶり、演技をしている自分の姿をイメージしてください」と言われて、やろうとしたら寝てしまった……。自分には意味がないと判断して、それっきりにしました。

正直に言うと、**人に頼って精神面をどうにかしようと考えていては、金メダルなんて取れるはずがない、と考えていた**のです。

金メダルを取るアスリートたちはプレッシャーに負けることなんてないだろうとも思っていました。実際にどうかはともかく、真のトップアスリートはそういうトレーニングを受けていなくても自分を律することができるはずだと決めつけていたのです。

緊張した場面で実力を出しきれなくなるのだとすれば、それはおそらく自分というものを突き詰めていく姿勢がたりないからではないでしょうか。

ベストの方法を自分で考えようとしないうちに人に頼ろうとしているからではないかという気がします。

緊張したくないなら、どうすればいいかをまず自分で考える。日ごろから自分を観察し、深く知り、準備をできる限りしておくこと。基本の熟練も、当然そこに関わってきます。

プレッシャーというものは、試合や本番でしか経験できないものではないはずです。普段の練習をできるだけ試合に近づけるようにしていたと書きましたが、そうしていれば練習がそのままイメージトレーニングになります。

練習の段階からさまざまな状況を想定したうえで、絶対にミスをしないように自分を追い込んでいくのが僕のやり方でした。

極端にいえば、体操を仕事にしていた以上、〝**自分に負けてしまうのはルール違反に近い**〟なんて思いながら、自分にストレスをかけていたのです。

試合のほうがラクだな、と感じるくらいのことを普段からやっていたので、試合でプレッシャーを感じることが減っていきました。

Process

16

生活のあり方は〝自分なりのベスト〟を考える。イメージトレーニングと準備でプレッシャーも抑え込める。

ケガの回復を早める

どんなスポーツ選手もケガと戦っています。また、ビジネスパーソンの方々も、体の不調と付き合いながら、仕事に向き合っていると思います。

ケガについては、体が無理をしすぎているときに、それを知らせてくれる警告的なものだと受けとめていました。

若い頃は調子がいいときほどケガをしやすかった。うまくやれていると、ついやりすぎてしまっていたからなのだと思います。〝さすがにもうやめておいたほうがいい〟と体がブレーキをかけるためにケガをしていたのかもしれません。

それでも、僕はケガなどで練習ができないときにもっともストレスを感じていたので、少し無理をしてでも早めに復帰してしまう場合が多かったです。いいことなのかはともかく、骨折はケガだとも思っていないところがあったのです。

僕の骨は普通の人より軟らかいそうで、なかなかポキリとは折れてしまわない。ミシミシという感じになることが多いのです。病院では「治るスピードが3歳児くらい速い」

と言われたこともありました。

ケガをした部分の代わりに使用できる筋肉を研究したり、周囲の部位を意識的に鍛えることで、ケガをした部位の回復を早めることができることも感じました。ケガをしても、その期間にできる練習があることが分かってきたのです。

どんなことでも突き詰めていけば意味をもつ

体操競技は文字どおり体を操る競技なので、筋肉の構造などについては、かなり独学しました。

体の内部のことを知っていれば、いまどこに力が入っているかといった点を意識することで、より洗練された動きができるのではないかと考えていたからです。

インターネットで調べたほかに、専門家にも積極的に聞いていくようにしていました。**トレーナーに体をみてもらうときには、「ここはどういう筋肉ですか?」、「この筋肉を傷めたときに代用できる筋肉はありますか?」といった質問を重ねていた**のです。

こうしたことに興味をもつ選手は珍しいようです。

体操では関節を傷める場合が多いので、インナーマッスルをいかに使うかも考えていました。詳しくは書きませんが、肩甲骨や骨盤を自在に動かせるようになると、インナーマッスルがうまく使えて、動きの質が変わります。

他の選手に体の構造的な話をしても理解されないことが多かったですが、僕自身はそういうレベルにまで踏み込んでいました。他人の感じ方とは関係なく、自分がとことん納得いくまで、気になることを知っておかなければいられない性格だからです。

筋肉の動かし方という細かい話ですが、どんなことでも突き詰めていけば、いろいろなところで改善点や工夫できる点が見つけられます。

体操では、技によっては小指だけ瞬時に反応させたいこともあります。そのため僕は「どうすれば小指の反応速度をあげられるか」を考えて、小指に特化したトレーニングまでしていました。

ストレスの管理についていては、できる限り、やってみようかな、と頭に浮かんだことを素直にやっていました。気持ちを抑えていては、人生が窮屈になるだけだという気がします。

現役を引退したとはいえ、今後も体操をやめるつもりはないので、今も練習は続けています。週5くらいのペースなので、現役時代とそれほど変わりはありません。練習場に行けないときは、家でできることはないかと考えて、何かしらトレーニングをしています。

やっぱり、大の練習好きだといえそうですね。

Process

17

ケガは体の無理を知らせてくれる警告。どんなことでも、突き詰めていけば改善点を考えられる。

第4章

チームマネジメント

勝つための組織づくりとリーダー像

Team Management

リオデジャネイロ五輪の体操男子団体総合で金メダルを獲得したメンバー

能力が高いメンバーが揃っただけでは、
チームとして結果を出すことは難しい。
大切なのはチームがひとつになること。
そして、メンバーのウィークポイントも含めて
すべての情報を共有すること。
理想のリーダー像はひとつに絞られるものではないので、
自分とチームカラーに合ったマネジメントができればいい。

Team Magement

金メダルを取るためのチームマネジメント

目標に向かうとき、いかに仲間と向き合い、協力しながら前に進んでいけるか。チームマネジメントは、どんな仕事でも組織でも必要になってくることだと思います。

2008年の北京。

僕が初めて出場したオリンピック団体総合は銀メダルでした。

それからは世界選手権でもオリンピックでも、団体総合はずっと銀メダルが続きました。ようやく1位になり金メダルを手にできたのは2015年のグラスゴー世界選手権です。僕が代表になってからは7年かかりました。日本としては世界選手権では37年ぶりの金メダルでした。

翌2016年のリオデジャネイロオリンピックでも1位になれました。オリンピックでは12年ぶりの団体金メダル奪還です。

振り返れば、北京の前回大会である2004年のアテネオリンピックでは塚原直也さんや冨田洋之さんたちが団体で金メダルを取ってくれていました。僕にとってはまだオリンピックが夢の舞台だった頃のことで、テレビで見ていた感動は忘れられません。

これからの世代はリオを追いかけることになるのかもしれませんが、僕たちの世代はアテネを目指している意識が強かった。

僕の場合、個人総合の金メダルを取ってからは、個人の金メダルよりも、団体の金メダルが欲しかったくらいです。

どうすれば団体で金メダルを取れるのか。

ずっとそれを考え続けてきました。

7年間です。

そうしているうちに**技術論の部分を超えて、組織論やチームマネジメントの領域にまで深く踏み込んでいく**ことにもなりました。

最近は「チームで勝つために」といったテーマで話をさせていただく機会をもつようにもなっています。

あと一歩が届かなかった原因

体操は個人競技なので、団体戦であっても演技をするときはあくまで一人です。そのため、リーダーとなる人間がチームを統率して選手一人ひとりをマネジメントすることがそれほど大きな意味をもたないのではないかと最初は考えていました。

しかし、それは大きな誤りでした。

そういうスタンスでいる限り、絶対に金メダルは取れない。

まず、そこから学んでいったといえます。

2010年のロッテルダム世界選手権や2011年の東京世界選手権では、実力のあるメンバーが揃っていたので、僕自身、期待をふくらませていました。それでも勝てなかった大会です。

どちらの大会においても、試合中のミスが出てしまったことが勝敗を分けたといえます。ミスひとつでメダルの色は変わってしまうのに、ミスをなくすことは本当に難しい。1000回練習して1000回成功できている技でも、試合でミスをしてしまうことがあるのが体操という競技です。

そうであるなら、金メダルを取るためにやれることには限界がある。

そんなふうに考えて、行き詰まった状況になっていたのです。

2012年のロンドンオリンピックは、そういう中にあって僕なりにもがいた大会だったといえます。

僕以外はみんなオリンピックが初めてだったこともあり、僕が引っ張っていかなければならないという意識を強くしていました。

この頃はまだ、個人総合で優勝している自分のような選手が5人いれば優勝できるのではないか、という考え方をしていました。

そのため、他の選手たちにも僕と同じくらいの練習をして、同じ精神力をもつようになってほしいと思っていたのです。

言葉でどうこう言うのではなく、自分が見本になることで周りについてきてもらおうと必死になっていたのに、空回りになってしまった。

他の選手たちが団体を軽視していたわけではありませんが、僕と比べたら、意識の面では差があったのだと思います。チームとして一体になれていたかといえば、その部分でも弱かった。そういうところにこそ、あと一歩が届かなかった原因があったのではないかと思うのです。

チームの一体感と情報の共有

ロンドンオリンピックのあと、はっきりと考え方を改めました。

体操は、団体戦であっても個人個人の演技の足し算で結果が出るのに、足し算の論理が通用しない。

サッカーで、メッシやクリスティアーノ・ロナウドのような選手が11人いれば勝てるわけではないのと同じこと。体操でも、高い点数を期待できるタレントが4人、5人と集まったからといって金メダルを取れるものではないのです。

能力が高い選手が集まるだけでは、絶対に勝てないものだと理解したのです。

団体戦でも、サッカーのようなチーム競技と体操のような個人競技では話が違うのではないかと思われるかもしれませんが、そこに落とし穴があります。

演技は一人ひとりがするものであっても、チームワークや信頼関係がもつ意味は大きい。

ロンドンまでの僕は、その認識が甘かったのです。

もしかしたら、スポーツやビジネスでも同じ感覚をもつ人は多いのではないでしょうか？


本当に大切なのは、強い選手が集まることではなく、強いチームをつくることです。

そのために必要なのが〝目標をひとつにしたチームの一体感と情報の共有〟です。

それぞれの選手がどういうコンディションでどういう精神状態なのか、どういう部分を難しいと感じているかといったことまでを、チームとして把握しておく。

ウィークポイントといえる部分であっても、個人で抱え込まずにチーム全体で解決方法を考える。

一人のミスにしても、なくすことはできなくても減らすことはできるし、対策も立てられます。その部分においても、協力し合う姿勢が大切になります。カバーし補い合うプランニングを立てておくこともできる。

チームが一体になれてこそ、結果を出すことができるのです。

ともに日本代表として戦った田中佑典は、得意種目が平行棒、鉄棒という、団体戦を上位で戦う際に後半に来る種目が多い選手です。世界戦の大事な場面で失敗することが多かった。しかし、リオ五輪の団体総合決勝の平行棒で、高難度の技を正確に実施し、高得点をたたき出してくれました。彼のこの種目が勝負の分かれ目のひとつであることは、チームメイトもわかっていた。

日ごろから互いのことを把握していればこそ、チームメイトに細かい気づかいをし、勝負の場面をともに戦い抜くことができるのではないでしょうか。

本質的にこうしたことを理解するまでには、ずいぶん試行錯誤も重ねてきました。失敗といえることもずいぶんやってきたといえるはずです。

でも、あとから振り返れば、1つひとつが失敗だったとは思わない。試行錯誤を繰り返しながら、どういうやり方をすればどんな失敗を導きやすいかといったことがわかってきて、〝次のやり方〟を考えられたのです。いい経験ができた、そのために成長できた、という受けとめ方をしています。

2008年の北京オリンピックに出てから代表にいたあいだずっと、こうすべきではないかと考えてやっていながら結果を出せず、だったらこうなのかとやり方を変えても結果を出せず……ということを続けてきました。

長い時間がかかりましたが、1つひとつ仮説を潰《つぶ》していきながらチームマネジメントに必要なことを学んでいった気がします。

それが2015年と2016年の団体金メダル奪還につながったのです。

Process

18

組織づくりは一朝一夕では果たせない。チームの一体感と情報共有が鍵を握る。

僕は冨田洋之さんじゃない

自分のリーダーとしてのあり方についても考えました。

ロンドンオリンピックのあと、代表チームは水鳥寿思《みずとりひさし》監督（アテネ五輪団体金メダリスト）の体制になり、監督と直接、話をする機会が増えました。

水鳥監督からは「何をしてほしい？」と聞かれて、「自由にやれるようになるのがいいです」と答えたら、「選手の意見を尊重できる環境をつくるよ」と言い、本当にそうしてくれました。この頃、水鳥監督は「航平には経験があるから、練習内容をどうするかといったことも含めてチームを引っ張ってほしい」、「今まで背中で見せようとしていたことを言葉で伝えてほしい」とも言われていたのです。

僕はキャプテンになりましたが、キャプテン兼監督のような感じになったといえます。

監督が2人いるのに近かった。

そうした体制にはメリット、デメリットがあるものかもしれませんが、このときの代表はうまくいきました。

監督が僕たちの自主性を尊重してくれていたのが大きかったのだと思います。

年ごとにメンバーが入れ替わっていくなかで僕はずっとチームの中心にいたこともあり、若い選手たちからはリスペクトしてもらえるようにもなっていました。自分より年齢が上の選手もいなくなり、遠慮がいらなくなったので、やりやすくもなりました。

そういう中にあり、自分がリーダーとしてチームをまとめていかなければならないという自覚も強くなっていたのです。

それと同時に、**自分がどういうタイプのリーダーであるべきかも見直しました。**

僕がはじめて代表に入った北京オリンピックでは、冨田洋之さんがキャプテンでした。冨田さんはあまりあれこれ言わずに背中で引っ張っていくタイプだったのです。

当時のチームはよくまとまっていたし、僕はそういうスタイルに憧《あこが》れていました。だからこそ、冨田さんと同じようなリーダーでいたいと最初は思っていました。ロンドンオリンピックなどではとくにそうでした。**だけど僕は、冨田さんではなかった。そこに気がつき、180度に近いほど方向性を変えました。**

意識的にチームメイトに歩み寄り、積極的に声をかけていくようにしました。

代表で合宿する際には、僕の行きつけの焼肉屋にみんなを連れて行ったりもしました。ベタなやり方ですが、互いの距離をなくすことから始めるようにしたのです。

話す機会を増やしていくなかで、それまでに自分が積んできた経験を言葉で伝えていくことも重視しました。それによって他の選手の足りない部分を埋められ、団体総合に対する意識を高められると考えたからです。

一人ひとりをよく観察しながら、それぞれの選手に必要だと思われる言葉を日々かけていくようにもしました。精神面や技術面など、何を話すかはそれぞれです。軽口も多かったはずですが、僕が考えている以上に意味があったのかもしれません。僕自身が覚えていない言葉まで記憶してくれている選手も多いようなのです。

そうしているうちに、チーム全体のムードはがらりと変わっていったのです。

この時期、若手の加藤凌平や白《しら》井《い》健《けん》三《ぞう》が出てきてくれたことも大きかった。ライバル出現ではなく、強力な仲間の登場です。脅威ではなく頼もしかった。彼らがエース的なポジションになってくれたら助かるので、抜かれたくないといった気持ちはいっさいなかった。チームのために自分を抜いてほしいと思っていたのです。

チームメイトへの言葉がもつ力は大きい

先にも触れましたが、そうして2014年の南寧世界選手権を迎えました。振り返ると、このチームは強いメンバーが揃っていたうえ、みんなが口を揃えて「団体の金しかいりません」と言うようになっていたのです。僕も当然、個人総合5連覇ということはまったく考えておらず、完全に団体に意識を振り切っていました。

史上最高といってもいいチームだな、と感じていました。

練習を見ていても、こちらの指示とは関係なく、一人ひとりが団体で金を取るために必要だと思われる部分の練習をしているのがわかりました。

「これは金メダルを取れるな」と期待もしていたのです。

結果は中国と0・1点差の2位でした。

それでも、下を向くことはなかったのがそれまでとの違いです。

このときにははっきりと金メダルへの手応《てごた》えをつかめていたからです。組み分けや判定など、何かが少しでも違っていたら勝てていたところまできていたので、チームとしても意気消沈はしなかった。

「金メダルには手が届きかけているんだから、これから何ができるかをそれぞれに考えていこう」というムードにチームとしてなることができたのです。

その段階でリオ五輪での栄光をつかむ準備が整ったといえるのかもしれません。

翌年のグラスゴー世界選手権では、ついに金メダルを手にできました。

実は、このときも生みの苦しみはあったのです。

もともと出場予定だった長谷《はせ》川《がわ》智将《ともまさ》が現地の練習中にケガをしてしまい、補欠だった早坂《はやさか》尚《なお》人《と》が代わりに出ることになるなどアクシデントもありました。

早坂は床が得意な選手ですが、急なことでもあり、予選の出来はよくなかった。そこで「決勝では難度を落とすことも考えて練習してみて」と指示を出しました。

そのときは「わかりました」と返してきましたが、練習後、「やっぱり、いまさら難度を落とす構成にはできません」と言ってきたのです。

そういう選手に強制はできないので、「だったら腹を括《くく》ってやるしかないな」と言ったら、決勝ではとてもいい演技をしてくれました。

僕が**重視しているのは言葉の強弱**です。チームメイトとして、普段は上からの立場でなく仲間として和気あいあいと話していたいのですが、しっかりと言っておかなければならないことがあるときは別です。

普段と同じような言い方をしていては伝わらないと思っているので、相手の目を見て強い言葉を発します。言葉の選択に神経を遣う必要もあります。言い方次第では問題になることもあるかもしれません。それでも時には、強めの言葉が必要だと思います。実際のところ、早坂には僕の気持ちがしっかりと伝わったはずです。

言葉がもつ力は大きいのだなと、僕自身、感じています。

冨田さんのように言葉が少なくても引っ張れるリーダーもいますが、そうなれる自信がないのなら、積極的に話をしていくほうがいいのではないかという気もします。

それが自分なりのチームマネジメントだと気づくことができました。**自分の練習をコントロールするのと同様に、人と接する際にも自分に合った方法があるのだ、**と気づくことができたのは大きなことでした。

もちろん、口だけではなく、練習に向き合う姿勢でも、みんなの模範になろうとしていました。それにしても、ロンドンオリンピックのときとは違い、圧をかけるような意識はなかった。このチームでは、みんながいい雰囲気で練習をできていたので、それを壊さないことを大切にしていたのです。

ミスが出て雰囲気が悪くなりかけたときには場を和ませるようにもしました。「おまえ、いつもそこでミスするからなあ」みたいなことを、責めるのではなく、いじるようにして言って、笑いに変える。そういうことを意識的にやれるようになっていたのです。

グラスゴーで金メダルを取れたのは、中国が本調子でなかったことやロシアが世代交代している時期にあたったことも要因に挙げられます。でも、この日本代表は金メダルを取るにふさわしいチームになれていたのです。

ロンドンのあと、一歩ずつの感覚でやってきたことがここで実を結んだといえます。

Process

19

チームメイトや仲間に対して言葉のもつ力は大きい。コミュニケーションでも、自分なりのやり方を見つけること。

リオデジャネイロ、危機からの脱出！

翌年のリオデジャネイロオリンピックをあらためて振り返ってみたいと思います。予選ではミスも出てしまい、4位通過と出遅れました。みんな状態が良かったので、まさか！　という感じでしたが、立て直しはできました。

帰りのバスの中で、**「このミスって原因はここにあったよね」といったことを1つひとつ答え合わせしていき、「だったら、こうすれば失敗しないはず」という確認作業をすることができた**のです。

ここで情報共有して対策が立てられたからこそ、失敗を引きずらずに切り替えられた。みんなが気持ちを強くできたのです。

翌日は、試合前に各自が課題を解決するような練習もできました。即座に対応ができたのは、日頃からの積み重ねなのだと思います。

決勝でも、最初の種目のあん馬で落下があるなど、流れ自体はなかなか良くならなかったのですが、3種目目の跳馬で白井が高得点を出してくれたことでムードは一変しました。4種目目の平行棒では田中佑典が大会最高点を出し、残りの鉄棒と床では、僕も力を出しきることができました。

ついに手にできたオリンピックの団体金メダルです。

個人で取った金メダルとは重みが違った。

別の種類の喜びがあったし、これができるのが日本の体操なんだということを次の世代に示せたのではないかと心底、安堵《あんど》しました。

自分一人の力では金メダルは取れない

リオデジャネイロオリンピックのメンバーに関していえば、みんなにかける言葉を選ぶ必要がないくらいになっていました。それぞれに実力が高く、世界選手権などでも経験を積んできた選手ばかりになっていたからです。

とくに加藤に対しては絶対的に信頼できていました。「俺一人の力ではどうしようもない」と話していたこともあり、加藤のほうでも僕との両輪になっていかなければならないという意識を強くしていてくれたのです。そのため、どうしてほしいと言わなくても、加藤のやり方に任せておけるようになっていました。

一方で田中は、前年の世界選手権では平行棒と鉄棒で落下していたこともあり、自分が代表に必要な存在なのかと悩むようになっていました。その段階では「お前は絶対に必要な存在だ」と本人に言い聞かせていたのです。

そこで**田中は、水鳥監督に対して「自分が自信のないような練習をしていたら代表から外してください」とまで口にした**ようです。それくらいの覚悟ができてきた。そこまでくればもう、僕が言うべきことなどはなくなりました。

白井だけがオリンピック未経験者でしたが、精神的に強く、ここいちばんというところではしっかり力を出せる選手です。白井に対しては、僕のオリンピック経験などをできるだけ言葉で伝えるようにしていました。それで十分な選手だったのです。

そこまでチームとして仕上がっていたので、僕が何かをしなければならないという雰囲気ではなくなっていました。

僕のように個人総合の金メダルを取っている場合は別にして、多くの選手はやはり、個人総合や種目別などにまず目標をおいて、そのうえで団体も取りたいと考えるものです。

でも、リオのときはそうではなかった。

個人総合は僕と加藤の仕事と割り切り、他の3人は「団体で金を取るために自分は何をすべきか」に集中してくれていたのです。あわよくば個人総合にも出たいという気持ちで6種目の練習をするのが普通なのに、このとき他の選手たちは6種目をやらず、自分の役割に振り切るようになっていた。選手それぞれがあそこまでの気持ちになってくれていたことがすごく大きかったのだと思います。

最高の仲間たちだったので、選手一人ひとりのキャラクターや長所短所みたいな部分は僕なりに把握していたつもりです。

表彰式のあと、記者からメンバー一人ひとりを紹介してもらえませんかと言われると、即座にそれができました。

「加藤凌平はぶれないメンタルの持ち主で、絶対に失敗しない選手です」

「白井健三はむやみやたらにひねりまくるミスターツイスト」

「田中佑典はメンバーのなかでもいちばん美しい演技、正確な技さばきができる選手」

「山室光史はムードメーカー。昨年の世界選手権では補欠という立場でチームを見てくれたので僕も助けられた。さらっと口にするひと言で僕を支えてくれる選手です」

誰のところでも言葉に詰まらなかったのもチームマネジメントができていた証《あかし》なのだと思います。

組織づくりの基本とは?

僕がキャプテンでいたあいだの日本代表は、僕がメンバー一人ひとりのコンディションなどにも気を配っていくやり方をしていました。

でも、僕が抜けたあとの今の代表に対しては、「誰か一人ではなく、みんなでそういうことをやっていってほしい」と話しました。

チームの中で誰かがリーダーになるのだとしても、その一人に寄りかかりすぎないほうがいいのではないかと考えたからです。

僕の場合は、チームの中でも頭一つ抜けた経験値があったわけですが、新しいチームにはキャリアの面で突出した人間はいません。今後は東京五輪の個人総合で金メダルを取った橋本大輝《はしもとだいき》が中心になっていくとしても、若い橋本に負担をかけすぎないほうがいいいと思うのです。

東京オリンピックでは、自分が出場しなかった団体については、「頑張れ！」という気持ちで応援していました。このときは4人みんなが初出場でしたが、誰が個人総合に出てもメダルが取れるのではないかというくらい、一人ひとりのレベルが高かった。

結果は0・103点差の2位。銀メダルでした。

勝負のアヤともいえる差だったとはいえ、強いて原因を探すなら、みんなの個が強すぎたことかもしれません。チームワークが悪かったわけではありませんでしたが、内部の競争が強すぎて、何となくまとまっていないなとは感じられていたのです。

そういうところがあると、すぐに結果に出てしまうのが団体戦です。わずかなレベルでチームマネジメントが万全ではなかったという見方もできます。そうしたことを考えると、これからはチーム全員が他の選手のことにまで目を配る意識が大切になると思うのです。

リーダーはいたほうがいいにしても、**とにかくみんなの意識をひとつにしてチームとしてまとまっていく**こと。

5人いれば5人、性格もそれぞれで考え方も違うのが当然です。そういうことを理解して、いいチームをつくってほしい。今の代表に対してはそういう見方をしています。**体操日本代表に限った話ではありません。チームの個性と状態に合わせて、その時々でより良いマネジメントを考えていく。組織づくりを進めるうえでは、そういう柔軟な姿勢が必要になる**はずです。

Process

20

「個の力」を足し算するだけでは大きな結果につながらない。全員がひとつの方向を向き、お互いを信頼することが大切。

第5章

決断

アスリートが人生を変えるとき

Making Decisions

プロ転向を発表する記者会見

どのような道を進み、
どんなポジションで、何を目指すのか。
最終的な目標はどんなところに置くのか……。
その道がいかに険しくとも、
自分で決断したことに迷いがなければ、
あらゆる苦難は乗り越えられる。

Making Decisions

プロになってやりたかったこと

自分がやりたいことに、まだ誰も挑戦したことがないとき、人はどうしたらよいのでしょうか。

とにかく体操をメジャースポーツにしたい。

リオデジャネイロオリンピックのあと、コナミスポーツを退社してプロに転向しました。ロンドンオリンピックの個人総合で金メダルを取ったときから「体操の世界でプロになれないか」と考えるようになっていたのです。

体操はオリンピックの年などをのぞけば注目されることが少ないマイナー競技です。自分が金メダリストになったのをきっかけにして〝変えていけることはないか〟という思いが強くなっていました。

ロンドン後にも動いてみようとはしましたが、先駆者もいなかったことです。**何をど**

うすればいいかが、まったくわからなかった。具体的な行動を起こせずにいましたが、リオでオリンピック2連覇を果たせたので、「いましかない」と決断しました。

野球やサッカーの選手などと比べれば結果を収入につなげにくいところをなんとかしたかったのではないか、と聞かれることもありますが、自分の中でお金の問題は関係なかった。いいか悪いかはともかく、収入や安定といった部分に対する意識は低いのです。

とにかく体操をメジャースポーツにすること。

目的のすべてはそこにあったといえます。

ロンドンでもリオでも、オリンピックがあれば盛り上がりますが、何か月か経てば波が引いていってしまいます。オリンピック前に比べて体操の注目度が高まったかといえば、そんなことはないように感じられていたのです。

体操はすばらしい競技です。数あるオリンピック種目のなかでも、体操で6種目をこなして結果を出すことは最上位を争うほどに難しいものだと考えています。その意味を理解してもらうだけでも体操の見方が変わるはずです。

日本の団体金メダルにしても、僕の個人総合2連覇にしても、すごく価値があることなのに、それを伝えきれていないもどかしさもありました。

プロになって何ができるかという点では、具体的なイメージをつかみきれていなかったのは事実です。それでも、とにかく体操のおもしろさを伝えるとともに、競技人口を増やしていくための活動をしていきたいと思ったのです。

それまでは「会社員」というかたちでやっていたので、どうしても活動の幅が限られました。枠をなくして、**体操のために自分がやれることをとことん追求してみたい**というのが当時の気持ちだったのです。

所属していたコナミスポーツに対する感謝は当然ありました。その意味でも中途半端なタイミングで退社はできなかった。

リオで金メダルを取れたことによってコナミスポーツにおける自分の役割を果たしたともいえるはずなので、区切りになるのではないかと考えました。

2016年11月いっぱいで退社して、スポーツコンサルティングジャパンにマネジメントをお願いするかたちで、12月1日付けでプロに転向したのです。

生まれて初めてのビジネス交渉

マネジメント事務所に所属するというのは、自分のなかでも最初はピンとこなかったことです。相談に乗ってくれた人からは、まず企業の広報担当者のような方を紹介されたのですが、話をしてみて、ちょっと違うな、と感じました。

次に紹介されたのが、今のマネジメント事務所だったのです。**初めて役員の方に会わせてもらったとき、直感で「この人にお願いしたい」と思った**のです。

「体操選手のマネジメントをしたことはないし難しいと思う」と言われながらも、「なんとかお願いします」と話をしました。

体操のプロとしてやっていくには練習場所とコーチを確保しなければいけないといった現実的な話もしながら、〝こうすればやれるのではないか〟という接点を探していきました。二度面談してみて、およそ引き受けてもらえる方向に話が動いていったので、そこからアウトラインを詰めていきました。

生まれて初めて自分でやった交渉です。

どんなことでもまずは気持ちが大切だと考えるタイプなので、熱意だけはしっかり伝えたいと思い、そういう話し方をしていたつもりです。スポーツコンサルティングジャパンには多くのサッカー選手が所属していたので、プロの世界には精通しているという安心感もありました。

プロ転向後はまずアシックスジャパンとのスポンサー契約を発表し、翌年3月からはリンガーハットと所属契約を結ぶかたちになりました。

こうした部分に関してはほとんど事務所に任せていました。僕からお願いしていたのは、試合の1か月前からは取材を入れないようにするなど、競技の準備に集中できる環境の確保くらいだったのです。

自分自身、完全な手探りで、僕のあとに続いてプロになる体操選手はいないかとも思っていましたが、**「内村さんが道を拓いてくれたので自分も続きたい」**と言ってくれる後輩も現れました。実際にどうなるかはともかく、こういう試みが先につながっていけば嬉《うれ》しいことです。

次第に体操はメジャースポーツになっていくのではないか、と思っています。

人生を左右した2つの選択

東京オリンピックまでの時間をどう過ごしていくかも考えました。

ロンドンとリオで金メダルを取っているとはいえ、東京オリンピックに向けては、まず代表になることから考えていかなければなりません。

この時点ではいつまで競技生活を続けるかは考えていませんでしたが、東京オリンピックがひとつの区切りになるのは間違いないことでした。

僕が体操の価値を上げようと考えるなら、東京オリンピックまでの4年間が鍵《かぎ》を握る。

何かしらのアクションは起こしておきたかったからこそのプロ転向だったのです。

自分への刺激も欲しかったし、世間に対する問いかけの意味もありました。北京からリオまで、オリンピックや世界選手権で結果を残し続けてきていながら、何も変えられないようでは自分のやってきたことに意味があったのかと、あとから悔やまれます。そうならないためにも率先して動く必要があったのです。

「引退」という言葉は、この時期、イメージしていませんでした。東京オリンピックが最後の大会になったとしても、一生、体操はやっていくのだろうと思っていたからです。先の大会などを目標にして、そこまでどうしていくかは計画しても、ずっと先の将来などについては深く考えません。

まずはいま、目標をもって楽しくやれるようにすることが大切です。

そういう点に関していえば、**幼少で体操を始めたときからずっと一貫している**かもしれません。

これまでの人生における重要な選択は、高校に入る段階で東京に出たことと、このときプロに転向したことです。

結果として、僕の人生を大きく左右した2つの選択です。

どちらの決断も〝挑戦〟と言い換えられるほどの思いきりが必要なことでした。

中学を卒業する際、東京に出る選択をしていなかったなら世界の舞台に出ることのない選手で終わっていたかもしれません。

2016年にプロになっていなければ、東京オリンピックに出場できずに終わった可能性も高かった。もっと体操をメジャーにするために、自分にできることはないか、と模索し続けた結果です。あのまま自分の立場を変えずにいたなら、東京オリンピックまでたどり着けていなかったのではないかと思っています。

ともに戦っていくパートナーの存在

プロになるタイミングで、初めて自分専属のコーチも決めました。

佐藤寛朗《さとうひろあき》です。

佐藤とは小学校時代から仲間のような関係でした。佐藤は東京出身で、朝日生命体操クラブで知り合いました。僕がひとつ年上なのですが、「コウヘイ」、「ヒロ」と呼び合う仲になっていました。

佐藤も選手としてやっていましたが、僕がプロになる頃にはコーチに転向していたのです。オーストラリアで塚原直也さんのコーチを務め、指導者としての経験を積んでいました。

プロ転向を発表する少し前の段階から「一緒にやりたいんだけど、どうかな?」と相談していたのです。何年かぶりに電話して、突然そんなことを切り出したのだから、佐藤も驚いていました。

「返事をするのにちょっと時間をください」と言われましたが、やってくれるだろうなと勝手に信じていました。

実際に佐藤は引き受けてくれたのです。

この段階で僕は、経験者として、世界で戦っていくために何が必要なのかは自分で理解しているつもりでしたが、欲しかったのは〝自分の演技を客観的に見てくれる目〟だったのです。

つまり、自分が専門的な知識をもっていても、他者の視点で判断してもらうこと、アドバイスしてもらうことは必要なのです。

しっかりと見てくれていたうえで感じたことなどがあれば、いっさい遠慮はしないですべてを言ってもらわなければ意味がなかった。

そのためには絶対的な信頼関係が必要になるので、その点でも佐藤ほど適した人間はいなかったのです。

いまあらためて佐藤と過ごした時間を振り返っても、彼がコーチでいてくれて本当によかったと思っています。

他の人にコーチになってもらっていたのでは、ここからの5年間はおそらく乗り越えられなかったはずです。

お互いの考えを伝え合い、ぶつけ合っていくなかで、僕はやる側で体操を極め、佐藤は指導する側で体操を極めていく。

ケンカになることはなく、ナアナアになることもない。

僕は自分に厳しく、妥協することを好みません。佐藤もそんな僕の性格をよくわかっています。そのうえで僕が気がつかないような感覚的な誤差などを何度となく指摘してくれました。

正直、だれもがそんなふうに感じているかもしれませんが、佐藤という人間には、欠点らしい欠点がありません。ここまで他人のために尽くしてくれるヤツがいるのか⁉と驚かされるほどの好漢です。それでも僕に対しては、普通だったら言いたくないようなことまで言ってくれました。

そんな佐藤だからこそ、二人三脚で東京オリンピックまでの道を歩んでいくことができたのです。

佐藤にコーチを依頼する際には、彼の人生のうち4年（結果的には5年）を僕に預けてもらうことになります。その事実についても考えました。

佐藤にとってもムダではない時間になるはずだとは思っていましたが、「帰れる場所はつくっておいてほしい」ということだけは最初に話していました。

ここで決断してくれたのが佐藤だったわけです。

佐藤はいま、日本代表のヘッドコーチになっています。

佐藤もまた、5年前の決断から、指導者として新しい領域に入っていけたのではないかと思います。これからの体操日本代表にとっても大きな力になってくれるのは間違いないことです。

21

人生では何度か大事な決断をするときがくる。
大好きなことを追求するために
未知の世界に飛びこもう！

リオのあと、ゆるめることができなかった理由

スポーツ選手は常に年齢と戦っています。

僕は2016年のリオデジャネイロオリンピックの時点で27歳でした。ここから4年後の東京オリンピックを目指すのが相当厳しくなるのは覚悟していました。それでも自分にはここまでやってきた経験があるし、気持ちで負けないのが武器だと思っていたので、2020年まではギリギリやっていけるのではないかと考えていたのです。

でも……**そこから過ごした時間は、想像していた100倍はきついものになりました。**

僕が23歳か24歳の頃に30代の選手から「28歳以降はきつくなるけど、できなくはない」という話を聞いたことがあったのです。僕自身、26歳あたりからかなりきつくなっているのを感じていました。それでもリオまではなんとか戦えていたので、その厳しさが一段階上がるくらいかと考えていたのですが、とんでもなかった。

想像を絶するくらい、きつくなっていったのです。

体にダメージが出てきた際の対処方法も聞いていましたが、まったく手に負えなかっ

た。それだけ蓄積されたダメージは深刻なものでした。

リオの段階で10年近く日本代表にいたので、知らず知らずのうちに精神的にも肉体的にも疲弊しきっていたのだと思います。


リオデジャネイロオリンピックの翌年のモントリオール世界選手権(2017年10月)は、競技中に足を痛めて途中棄権することになりました。

そんなことは初めてでした。世界選手権の連続優勝記録はここで途切れてしまった。北京オリンピックのあと、国内外問わず個人総合では勝ち続けていたので、連勝記録も40で止まりました。この後、足を痛めたダメージが残っているのに気がつかず、すぐにきつい練習を再開して、さらに体を痛めつけてしまう負の連鎖になっていきました。

ロンドンのあとは、ダメージを抜くために1年間ゆるめる選択ができていたのに、このときはそれができていなかった。

年齢からくる焦りなど、理由はいろいろ考えられますが、採点規則が変更された影響もありました。

体操の採点規則は4年に一度、変更されます。簡単にいうと、この年の変更では、技の難度を示すDスコアが下がり、演技の出来栄えを評価するEスコアが重視されるようになりました。そうであるなら、技の難度を下げて完成度を追求するべきと思われるかもしれませんが、このとき僕は、自分の演技構成を考えると、むしろ技の難度を上げていく必要があると考えたのです。

オリンピックのダメージが抜け切らないまま、難度を上げようとしたので、体への負担が大きくなってケガにつながった。

ギリギリの4年間になるという意識が焦りにつながり、それが、のちのちにまで尾を引いてしまったのです。

「タラレバ」を考えても意味がない

ロンドンオリンピックのあとに僕は、「2020年のオリンピックが東京開催になったら、そこに出るために(何かの種目の)スペシャリストになろうかな」というような発言をしていました。

自分自身、そんなことを言ったのは忘れていたし、そういえば言っていたな、というくらいの言葉です。今から振り返れば予言のようだとも思いますが、実際はリオ後も6種目に長くこだわり続けました。

結果論だけでいえば、リオのあと、すぐにスペシャリストを目指していればよかったことにもなりますが、自分では自分の可能性に賭《か》けていたということです。

そこに後悔はありません。

あのときこうしていたなら……というのは「タラレバ」です。

過去の反省をすることはあっても、タラレバは考えない。タラレバは、ものすごく嫌いな言葉のひとつです。タラレバを考えても時間を巻き戻せるわけではありません。

あとからそんなふうに悔やむくらいだったら、振り返りをしないで済むくらい、最初によく考えてから動きだすべきではないか、というのが僕の考え方です。

どんなことでも、経験があって現在があります。経験しないで済むなら経験したくなかったようなことでも、「その経験が必要だったんだ」と捉《とら》えることはできます。

いまある状況をいかに次につなげていくかを考えるべきなので、あのとき、こうしていれば結果は違った、と振り返るのは時間のムダでしかない。

いい結果を出せた場合でも、いつまでも立ち止まってはいません。

終わったことは終わったこととして、引きずりもしないし、余韻にもひたらない。これまでに取ってきたメダルにしても、引き出しにしまっているだけで、どこかに飾るようなことはまったくしていません。過去の大会の演技などに関してはほとんど覚えているほうですが、あのときはよかったという振り返りはしません。振り返れば、たんたんと現状と課題を分析し、先へ先へ考えることや準備を進めていたのだと思います。

ケガで棄権した2017年の世界選手権のあとにも、前しか向かなかった。「ケガをする前より強くなって戻ってきます」と宣言しましたが、それにしても強がりなどではなく、絶対にそうするつもりの言葉だったのです。

自信があるかないかではなく、戻らなければならない。

世界選手権ではみんなに期待してもらっていながら不甲斐《ふがい》ない結果で終わってしまったので、しっかりと復帰することが義務のようにも思っていました。

全日本選手権とNHK杯

２０１７年は10月の世界選手権で連勝記録が止まってしまいましたが、その前の４月には全日本選手権の個人総合で１位になり、10連覇を達成できていました。翌月にはＮＨＫ杯でも９連覇を果たしていました（ＮＨＫ杯は翌18年に10連覇を達成しました）。

全日本選手権やＮＨＫ杯は、高校時代にはすごく憧《あこが》れていた大会でした。全日本選手権に出たい、ＮＨＫ杯で代表権を争いたい、ということを大きな目標にしていたのです。

大学に入ってどちらの大会でも優勝して、連覇を続けられるようになりました。それと並行して世界選手権でも連覇を続けていくと、やはり世界のほうに、より大きな価値を見出《みいだ》すようになります。日本一か世界一かといえば世界一を考えるものなので、全日本選手権やＮＨＫ杯はいつのまにか普通の大会になってしまっていたというのが僕の中での感覚でした。

でも、**10連覇をしたことであらためて、ものすごく価値のある大会だということに気がつきました。**全日本選手権で勝つのは本当に難しいことです。

この10連覇のあと、「もう次はないです」と言ったら、本当に次はなかった。翌年は3位に終わったのです。

NHK杯もやはり10連覇で止まりました。

キリがいいといえばそうですが、**記録が途切れたことを残念に思うより、10年間、日本のトップでいられたことを誇りに思います。**

体操を始めたばかり、見始めたばかりの10歳の子は20歳になり、成長曲線の中にいる20歳の選手は限界線の30歳になるのです。僕もまさにそこに重なります。それだけの期間、トップにいるのは本当に大変なことです。

完璧に行き着くということはない

正直なところ、全日本選手権、NHK杯の10連覇は世界選手権、オリンピックを合わせた8連覇より難しいと思います。

どうしてそれができたかといえば、自分でもわかっていません。

「ずっと練習を続けていたから」とか「自分に負けなかったから」とか、「試合で失敗しないでいたから」といった要因が挙げられますが、決定的なものは見つかりません。ありきたりな言い方になるけれど……。現状に満足しないでやり続けていたことが大きかったのではないかという気がします。

どんなにいい演技ができても、高い点数を出せても、「まだまだ上がある」とは常に思っていました。6種目をミスなくやれて、着地もほぼしっかり止められたとしても、それが到達点にはなりません。その段階で合格点が出せたとしても、その先がある。そうした考え方をしていたからこそ常に前進できていたのです。

このレベル、このポジションを守るという意識になっていたならズルズルと後退していたのではないかと思います。

全日本選手権の10連覇を果たしたときには、「勝っても地獄」という言葉を口にしました。勝ち続けているより負けたほうがラクになる。結果だけを求めるのでなくなれば、もっといい演技ができるのでないか、という気持ちがあったからです。

だからといって、勝ち続けているあいだも負ける怖さはそれほどなかった。3連覇くらいまでは勝ちたい気持ちが強かったのですが、5連覇を達成したあたりからは、勝ち負けにこだわりすぎるより、もうひとつ上の境地に行きたい感覚が生まれていたからです。**自分がどういう演技をして、見ている人に何をどう伝えるのか**という部分を重視するようになっていたのです。

そういう意味でいえば、「勝っても地獄」という言葉は少し大げさだったのかもしれません。それでもやはり、10連覇を達成するのは生易しいことではなく、こういう言葉が口に出たのだと思います。

この年の戦いはかなり厳しいものになっていたのでなおさらでした。

この大会では、予選からミスが目立っていたうえ、決勝では疲労の蓄積がはっきりと出てきてしまっていたのです。他の選手もミスをしていたなかで経験値を生かしてなんとかしのげましたが、自分の演技としては理想と程遠いものになっていました。

Process

22

過去を悔やまず、現状にも満足せず、向上心を持ち続ける！振り返ったとき、その軌跡が大きな道になっているもの。

焦りからハマってしまった迷路

翌2018年もやはり苦しい1年になりました。

前年の世界選手権のあと、「強くなって戻ってきます」と言ったことが嘘にならずに済むように最初のうちは調子を取り戻しつつあったのです。悪くないコンディションで新シーズンを迎えられるかと思っていたところで、今度は手の指をケガしてしまいました。

その影響もあり、4月の全日本選手権はいい状態で臨めず、個人総合は3位に終わりました。ここで全日本の連覇は止まったわけです。

5月のNHK杯のときには指もずいぶん良くなっていて、10連覇を達成できました。その後もまたコンディションは上がっていきました。6種目をやっても当時の世界チャンピオンと同じくらいの点数を出せるようになっていました。

そのまま行けたならよかったのですが……、世界選手権が近づいていた9月になって、今度は練習中に足をケガしてしまった。

いい点数を出せるようになっていたことで、蓄積しているダメージを考えず、練習量を落とさなかったのが原因だった気はします。

同じ失敗を繰り返していたのは否定できません。

体をいたわるような4年間を過ごしていては東京オリンピックに出られない、出られても満足に戦えない。そういう意識をもっていたことから迷路にはまっていたともいえるのかもしれません。

振り返ってみると、**自分にプレッシャーや負荷をかけるべき時期を自分はすでに過ぎていたのかもしれません。**そういうときに**自分を知ることの難しさをあらためて感じます。体操という繊細なスポーツでは、自分を追い込むべき時期とそうすべきではない時期がわかりやすく表れますが、多くの人に共通する実感なのかもしれません。**

コーチの言葉を聞かなかった失敗

足をケガしたときには、少なくともこの年の世界選手権では個人総合の金メダル奪還を狙うべきではない、という啓示のようなものだったのかな、とも考えました。

前年の世界選手権で痛めたのが左足で、このとき痛めたのが右足だったのです。自分の体のことをもう少し慎重に考えなければならないと気がつきました。

この頃、コーチの佐藤からも練習がハードになりすぎているという注意は受けていました。それにもかかわらず僕は、いまはやっておく必要があると考えて、佐藤の言うことを聞かずにいたのです。

いい感覚で練習ができていたからこそ、ゆるめたくなかった。

若いときならそれでよかったとしても、体のキレなどが落ちているなかで負荷をかけすぎていたのです。

その行きすぎを自分で感じ取れていなかったということです。

もともと、こうした部分を修正してもらうためにコーチになってもらっていたわけですが、佐藤はやっぱり見るところを見ていてくれた。佐藤がしっかりと言ってくれていたとき、きちんと聞いていればよかったと、さすがに反省させられます。

自分のことをよく知ってくれている人からの指摘、客観的な指摘はきちんと受け入れること、少なくともよくよく咀嚼《そしゃく》して考えることが必要です。

僕の場合、こだわりが人一倍強い分、余計に佐藤も大変だったのかなと思います。

この年の世界選手権では個人総合を戦うのは無理だと判断して、団体と種目別に出場しました。団体が3位、種目別の鉄棒が2位という結果でした。

この段階で、個人総合でやっていくことをあきらめたわけではありません。6種目を続けていればきつくなるのは最初からわかっていたことです。それなのにケガをしたからやめるというのは違う気がしていたからです。自分自身を納得させられなかった。コンディションを整えてから、また6種目でやっていくつもりでいたし、それができると思っていたのです。

「そういうふうに続けるくらいならリタイアしたほうがいい」

2019年は、前年にもまして厳しい1年になりました。

練習もままならないくらいの肩の痛みが出てきてしまったのです。痛みをおしてなんとかしようとしていましたが、満足な練習ができないまま4月の全日本選手権を迎えてしまいました。試合中に痛みがひどくなったのです。棄権したわけではないですが、あまりにきつくて途中で投げ出したようにもなってしまった。着地をないがしろにしているようなところがあり、佐藤からは「そういうふうに続けるくらいならリタイアしたほうがいいですよ」と言われたくらいです。

このときはあん馬と平行棒で落下するなどして予選落ちとなりました。

練習がきちんとできていなくても経験でカバーできるのではないかとも考えていたのですが、そんなに甘いものではありませんでした。

練習ができていないのに、本番で結果を出せるはずがない。

練習がいかに大切なのかをあらためて実戦の中で教えられた気がしました。

全日本選手権の結果は当然のものとして受け入れました。ただ、現実的にいえばこの予選落ちは、東京オリンピックへつながる道が断ち切られるのにも近い意味をもっていたのです。

5月のNHK杯に進出できなくなり、10月の世界選手権の代表権を取るのもきわめて難しくなったからです。

この後、コンディションを戻せなかったことから、6月の全日本体操種目別選手権も欠場することになったので、世界選手権にはやはり出場できなくなりました。

全日本選手権で予選落ちしたあと、「死ぬ気でやるしかない」という発言をしていましたが、実際のところは東京がはるか彼方に遠のいていくようだったのです。

それでも僕は、ネガティブにはならなかった。世界選手権の代表に入れなかったからこそ縛られるものがなくなり、自分に必要な準備をしていけるのではないかと考えたのです。**追い込まれてはいても、あきらめてはいなかった**ということです。

体の痛みと戦い続けた日々

個人総合で東京オリンピック出場を目指す。

ギリギリの段階までその覚悟で取り組んでいたのは間違いありません。

そのため、いろいろな治療も受けていました。それでもやはり、6種目をやれる体には戻せずにいたのです。

朝起きれば、その瞬間から体のどこかが痛かった。それが365日続いていたようなものだったのです。

それまでは、どこか悪いところがあっても精神力で乗り切れていたのに、この年はとにかく練習もままならなくなっていました。

僕にとっての体操は、仕事であり、すべてです。**練習ができないというのは、日常的な仕事ができない、毎日やっている当たり前のことができない**のにも近かった。

誰もがいろんな不調を抱えながら仕事をしていると思います。スポーツ選手は、当然ですが、体を動かすことが直接仕事であるという厳しい面があります。

ただ、そういうなかにあって、唯一、鉄棒だけは以前とあまりかわらずできていたのです。

いちばんひどいのが肩だったのに、どうして鉄棒では痛みが出にくかったのかは、僕にもよくわからなかった。

6種目をやっていれば、この後も必ず練習できないほどの痛みがどこかに出てくるはずなので、しっかり練習ができる鉄棒に絞ったほうがオリンピックに行ける可能性は高められる……。

そういうことはわかっていながらも、なかなか決断できずにいたのがこの時期でした。

こだわりを捨ててでも、東京オリンピックへ

8月30日には復帰戦としてシニア選手権に出ました。その少し前に今度は腰を痛めていましたが、試合はできると判断しました。シニア選手権でも6種目やりましたが、あん馬で落下するなど、結果は5位とふるわなかった。

そのあたりからコーチの佐藤には種目を絞るようにと決断を迫られていたのに、僕はなかなか首を縦に振らなかった。

理屈として鉄棒に絞ったほうがいいのはわかっていても、ここまでずっと6種目をやってきていたこだわりとプライドがあったからです。

6種目やらなければ体操じゃない、6種目やらなければ自分じゃない。

たとえオリンピックに出られなくなってもそのこだわりは捨てたくなかったのです。

一方で僕は、**「死んでも東京オリンピックに出たい」**とも言っていました。その言葉にしても、決して口だけのものではなかったのです。

オリンピックは、世界選手権とは比べられないほど世の中から注目される大会です。そのオリンピックが東京で開催されれば、子供たちも含めて多くの人に見てもらえる。１９６４年の東京オリンピックでも、日本は体操の団体総合、個人総合で金メダルを取れていたので、それを見て体操を始めた人が多かったという話を聞いていました。自分自身もそういう役割を果たしたかったのです。

東京オリンピックでたくさんの人に感動を与え、体操を広めることに貢献できたなら、プロになった意味もあるかな、と思っていました。

もちろん、ただ出るだけなら意味は薄いけれど、出なければ何もできない。しがみついてでも、まず出たい！　その思いがとにかく強かったのです。

そうだとしたなら、**こだわりより可能性を選択するべきではないか。**

結果的にそこに気づいて、鉄棒に絞る、という選択をしました。

決断に至るまでの葛藤《かっとう》は、本当に長いものになりました。

種目別の鉄棒に絞ると決断して、それを表明したのは２０２０年に入ってからでした。

体操が楽しいものではなくつらいばかりのものになりかけていたなかにあり、**鉄棒だ**

けを重点的に練習する1週間をつくってみたら、うまくやれて、その1週間が楽しかった。そのことも大きかったといえます。

佐藤からは「死んでも東京に出たいというなら、出られる可能性を優先すべきじゃないんですか」と念押しされました。**「6種目を続けていくのでは気持ちがもたないと思う。だったら、気持ち良くやれる選択をしたほうがいい」、「これ以上苦しみながら6種目をやってほしくない」**とも言われて、気持ちが固まりました。

そのとき、すとんと腑《ふ》に落ちたのです。

それまでは自分のこだわりとプライドが決断の邪魔をしていました。自分ひとりでやっているわけではないのだし、現実的な考え方をするべきだと気がついたからです。

それまでずっと答えを出せずにいたのに、佐藤に言われたあと、3秒くらいしか間をあけずに「そうするよ」と答えていました。迷いに決着をつけるときというのは案外そういうものなのかもしれません。

他者のアドバイスが、長いスランプや、迷走をストップする一助になることもあります。

種目別の鉄棒に絞ったといえば、「なんだ、6種目はあきらめたのか」と言う人もいるかもしれませんが、言いたい人間には言わせておけばいい、とも思いました。

僕がこれまで、どれだけの結果を6種目で残してきたか。

6種目にこだわることでどれだけ苦しい思いをしてきたか……。

それをわかってほしいとは言いません。

ただ、それだけのものをかかえての最終決断だったということ。

僕自身、胸を張れる決断だったのです。

鉄棒に絞るのであれば、もっと早くに決断しておくべきだったのは確かです。

早い段階で種目別のワールドカップシリーズに出て、3大会で優勝していればオリンピックの出場権を確定させられていたからです。そうしないで個人総合にこだわり続けていたので、国内の代表選考会で瀬戸際の争いをしなければならなくなりました。

そうなった2020年段階でいえば、オリンピックに出られる可能性は半々くらいだったと思います。鉄棒をやっていても痛みが出るようになっていて、体はボロボロでした。それでも、何もできなくなっているわけではなく鉄棒だけでもやれているのが幸せだとは思っていたのです。

最後に残ったのは、もともと苦手だった鉄棒

それまで6種目やっていたのを1種目に絞るということで、少しはラクになるかと思ったけれど、そうではなかった。

ひとつのことを突き詰めようとすれば、より深いところまで追い求めていかなければならなくなります。それをしていくのは6のことをやるより大変な面があるのだなと痛感しました。

6種目のなかで、もともと鉄棒はどちらかというと苦手なほうでした。

ピークの頃は苦手種目はない意識でしたが、好きな種目を挙げるならあん馬で、得意といえる種目は床と平行棒でした。

でも、たとえば床では、足をケガしたあと、難度の高い技をやると痛みが出るようになっていた。他の種目も少なからずそういうところがあるなかで、コンディションの悪さがハンディになりにくいのが鉄棒だったのです。

6種目の最後に残されたのが、体操を始めた頃にはとくに好きだったわけではなく得意でもなかった鉄棒になったというのは、自分でも不思議な感覚でした。

キャリアを重ねていくなかでも鉄棒が得意種目になったという意識は自分にはありませんでしたが、できる技がいちばん増えていった種目ではあります。高校時代に繰り返しやらされていた基本練習がその後もずっと生かされていたのだと思います。

着地をしっかり止められることも多かったし、やはり鉄棒が気づくと得意種目になっていたのは間違いなかった。

僕にとっての鉄棒はそういう種目です。

この間の現実的な選択と決断が、自分の東京五輪への道を開いてくれました。

Process

23

こだわりに縛られず、現実的な選択をすべき時もある。ただし、ひとつのことを突き詰めていく道もまた険しい。

第6章

The Last Challenge

ラストチャレンジ

人に夢を与えるための「東京五輪」出場

東京五輪の予選の鉄棒でブレットシュナイダーを決める

The Last Challenge

どうしても立ちたい舞台、
叶《かな》えたい夢がある。
そのとき、己の想いの強さと信念、
仲間との信頼と友情が試される。
ライバルを圧倒するほどの能力や
武器を身につけるための道のり。
そして、どんな人間にもひとつの
区切りが最後にやってくる。

新型コロナウイルスと開催延期

予想外のスケジュール延期という事態は、どんな仕事でも起こりうることです。勝負の年になるはずの2020年には、新型コロナウイルスの感染拡大という予想もしなかった事態が起きました。

この影響を受けなかった人は、おそらくいないのではないでしょうか。

東日本大震災のときと似たところもあり、こんなときに体操をしていてもいいのかな、という疑問は生まれましたが、そこで出した答えも変わらなかった。

自分の仕事は体操なのだから、体操をやるしかない。

自分の仕事に集中することです。

世の中でさまざまな変化が起きていても、僕がやれることは多くない。感染しないように気をつけながら練習するほかないと思いました。

東京オリンピックについては、2020年3月24日に「1年程度の延期」という決定が出され、3月30日には「2021年7月23日開幕」と発表されました。

その段階では、翌年の開催も危ぶまれることになるとは思っていませんでしたが、複雑な思いにさせられる決定でした。

決定前から延期になることを前提とした準備に切り替えていましたが、1年の延期をどう捉《とら》えるべきか考えました。

体がボロボロになっているなかで出場権を取らなければならない状況を考えたなら、時間ができたことでは助かりました。ただ、1年延びれば年齢もひとつ重ねることになります。1年後にコンディションが良くなっている保証はなかったので、準備はできても体がもつのか。そういう不安はありました。


この後、翌年のオリンピック開催を疑問視する声が高まっていたなかで、11月には「友情と絆《きずな》の大会」と銘打たれた国際大会が代々木《よよぎ》競技場で開催されました。

その閉会式で僕が「できないではなく、どうやったらできるかを考えてほしい」、「国民の皆さんとアスリートが同じ気持ちじゃないと、大会はできないと思います」と話したことを覚えている人も多いのではないかと思います。

アスリートは誰しもが、自分の大切な人生の時間を懸けて、仕事としてオリンピックを目指しています。その過程には、ケガのリスクも含め多くの困難や挫折があります。アスリートではない方々が日々さまざまな種類の仕事と向き合われていることと、深いところでは変わりないのです。

だからこそ、ある意味ではオリンピックを特別視するのではなく、開催に向けて感染対策など有効なプロセスを1つひとつ確認して、前向きな準備をみんなでしていくことが大切だと伝えたい想いがありました。

物議をかもす発言になりましたが、僕なりに考えてのことだったのです。

この大会は、感染拡大後、国内で初めて開催されたオリンピック種目の国際競技会でした。FIG（国際体操連盟）の渡辺守成《わたなべもりなり》会長をはじめ、関係者の尽力があってこそ実現できた大会です。役員や関係者に任せるばかりで、アスリートが何も発信しないでいていいのかな、という気持ちもありました。

アスリートが声をあげれば叩《たた》かれるような風潮にもなり、みんなが何も言えない状態になっていたのも、何か違う気がしていました。そのため、自分の演技をしっかりとやったうえで何かを話すべきではないかと考えたのです。

叩かれるのは覚悟したうえでの発言でした。言葉足らずだったと反省するにしても、自分の気持ちをストレートに伝えることができたので、あれはあれでよかったのではないかと思っています。

ブレットシュナイダーへの挑戦

このときの国際大会で、僕ははじめて鉄棒のブレットシュナイダーという離れ技を使いました。バーの上で2回宙返りを行いながら2回ひねりを加え、再びバーをキャッチする大技です。リオのあとにも、できないかと考えたことがあった難度の高い技です。オリンピックが延期されたことで、あらためて習得に取り組もうと決めて、ここで間に合ったのです。

この技は、ひと昔前なら、やってみようと考える選手もいないような難しい技でした。ブレットシュナイダーという選手がやったから名前がついたわけですが、あとに続く選手はほとんどいなかった。どうやればできるのかという想像もしにくいほどの技でした。

それでも僕はこのとき、**自分にはこの技が必要だ、この技を完璧《かんぺき》にマスターすれば、国**

内でも世界でも、誰も自分の鉄棒に追いつけなくなるだろう、と考えたのです。

ブレットシュナイダーに挑戦しようと思ったのは、オリンピックの代表権を取って、世界と戦うためです。短期間で習得できるようなものではなくても、時間をかけて取り組めば、これまでにこの技をやったどの選手よりもクオリティの高いものにできる自信があったので、この技に賭《か》けることに決めたのです。

ここでも、目標をもってあきらめずに続けていくことができれば、なんとかなるだろうという気持ちはありました。

大切なのはやはり、

1、まず目標をもつこと。

2、目標達成には何が必要かを考え、計画を立てること。

3、その計画に合わせて、練習や学習、実践（実戦）経験を積んでいくこと。

4、途中であきらめずに続けていくこと。

なのです。

オリンピックの開催延期がなかったなら、この技ができないまま引退していたはずです。自分で納得できるものにするには7か月かかりました。

考え抜くことで習得した「最後の武器」

やや専門的な話になりますが、普通は鉄棒のブレットシュナイダーというと、コールマン（バーの上で後方2回宙返り1回ひねりを行ってバーを再びキャッチ）という技の派生技であり、コールマンの要領で、その技をもう1回ひねるものだと考えられがちです。しかし僕は、設計図的な部分から違う見方をしたのです。

まず、鉄棒を離してから、1回目の宙返りの際にひねりを加えながら鉄棒の上に立つようにして、そこからコールマンの動作を行うイメージです。

本家のブレットシュナイダー選手が技をやっている動画のなかに、正面から撮っているものがあり、その動きを見たことがヒントになりました。

日ごろから僕は、同じ大会や演技を撮った映像でも、見られる映像はすべて見るようにしていました。カメラの角度などが違えば、ひとつの映像しか見ていない場合とは違った分析ができることもあるからです。**4つの角度から自分の演技を観察し、どの方向から見ても美しくなるように研究していた**こともあります。

そういう探究心が生きたともいえます。

「もしかして、こうすればいいんじゃないのかな」とやってみたら、ビックリするくらいバーの見え方が変わった。以前にブレットシュナイダーをやろうとして見たときとは、まったく感覚が違うものになったからこそ習得できたのです。

新しいことをやるのは容易ではありません。ビジネスなどでもそうかもしれませんが、**ひとつの発想に縛られず、いろいろな方向から考えてみることで、思いがけない道筋や方法論が見えてくる**こともある気がします。

僕のやり方を他の選手に説明しても、「そうはできない」というので、やはり僕ならではの感覚なのだといえるのかもしれません。

コーチの佐藤も現役時代、ブレットシュナイダーをやろうとしたことがあったそうですが、「(内村の)このやり方でもできない」と言いました。

いずれにしても、ここで武器を手に入れなければならないと決断したことがよかった。ブレットシュナイダーの習得に取り組み、自分のものにできたからこそ、最後の勝負に挑むことができたのです。

Process

24

苦しい状況の中でも新たな武器を習得できる。
ひとつの方法にこだわらず、発想転換をすることも大切。

虎穴に入らずんば虎子を得ず

オリンピックの代表権を獲得するためには、2021年4月の全日本選手権種目別トライアウト、5月のNHK杯、6月の全日本種目別選手権と3大会に出場して、合計ポイントでトップに立つ必要がありました。

ロンドンとリオデジャネイロのオリンピックの際は、それぞれ前年の世界選手権で1位になり、代表に内定した状態でオリンピックの開催年を迎えていました。僕にとっては13年ぶり、19歳のとき以来の代表選考会になったわけです。

ここでは跳馬で代表枠を狙う米倉英信《よねくらひでのぶ》との一騎打ちに近い争いになりました。「種目別出場の1枠」をめぐり、僕の鉄棒と米倉の跳馬で競い合ったということです。

前年の国際大会でも、ブレットシュナイダーを入れた構成で高い点数を出せていたので、選考会を勝ち抜ける可能性は低くないと考えていました。しかし実際の選考会は、想像を超えるほど厳しいものになったのです。

跳馬という種目はミスをしやすいものなのに、このときの米倉はまったくミスをしなかった。跳馬でこれだけ安定した演技を続けられる選手は世界にもそんなにいないだろうというレベルだったのです。

それでも、この頃の僕はいい準備ができていたので、「ここまできたらやるだけだ」という感覚になっていました。

あとがない状況になっていながらも、オリンピックに出られなかったときのことを考える緊張感や恐怖心はあまりなかった。

1種目に絞っていたので、一度ミスをしたらそれまでになるという怖さはたしかにありました。でも、**「そういうプレッシャーがあるのは悪くない、そういう状況を楽しめないようではオリンピックで戦えない」**とも考えていたのです。

子供の頃の僕は、緊張しやすいタイプだったのに、ここまで精神的に強くなれたことは自分でも不思議です。どうしてなのかといえば、やはりそれだけの経験を重ねてきたからなのだと思います。**経験値を積むことで、メンタルを支えていく力や技術は磨ける**のだと思います。

普通の試合ではものたりず、より強い刺激を求めている面もあります。

スリルを求めているといったことではなく、緊張感があってこそ本領が発揮できるとわかっていたからこそ、こうした状況を楽しめるようになっていたのです。「虎穴に入らずんば虎子を得ず」とも言えるのかもしれませんが、限界を超えた力を出すためにも、危地を求めているところがある気もします。

0・001点差でつかんだ代表の座

代表選考会の最後となる全日本種目別選手権でもブレットシュナイダーは決められました。しかし、ブレットシュナイダーとは別のところでミスをしてしまった……。

わずかなミスも許されない状況だったので、オリンピックへの道がいかに険しいものなのかを痛感しました。このミスによって結果はまったくわからなくなったので、とにかく着地は絶対に止めなければならなくなりました。

強い気持ちで着地に臨んで、成功しました。北京オリンピック以来、ここぞというところでは着地を決め続けられているのは僕の強みです。

それでもミスの分までは挽回《ばんかい》しきれず、点数では競り負けたのではないかと思い込んでいたのです。

ああ、オリンピックには出られなかったな……と思いながら、米倉に対して「おめでとう」と言いました。「航平さんですよ」と返されて、えっ、俺なの⁉　と驚いたのです。**0・001点差**でした。

どちらに転んでもおかしくなかった、本当にわずかな差で代表の座をつかむことができたのです。

競技が終わった瞬間は、ああ終わったな、と思いましたが、もし本当に代表権を逃していたなら、その現実を受け入れられたかはわかりません。「おめでとう」と言ったときにしても、心のコントロールができていなかったというか、どういう精神状態でいたのかもよくわからない感じになっていたのです。

米倉に言われて、自分が代表になったと気づいたあとには、米倉に対して「不甲斐《ふがい》ない演技でごめん」と謝りました。米倉が出していた点数も、オリンピックで金メダルを狙うには十分なものだったのです。それだけに、ミスのない力を出しきった演技で決着をつけたかったなと思ったから、そう言ったのです。

それでも、**ようやく目指していた東京五輪の舞台に立つことができたことへの感動は、言葉にできないもの**でした。

一瞬で終わってしまった東京オリンピック

2021年7月24日。

5年という時間をかけてたどり着いた僕の東京オリンピックは、あっという間に幕を閉じました。

鉄棒の大技ブレットシュナイダーには成功し、他の離れ技も連続して成功させていました。

そのあと……。**これまで失敗したことがないひねりを伴う倒立技にいくところで、気がついたらバーから手が離れていたのです。**

その落下の減点は挽回のしようがなく、予選敗退となりました。

正直、落ちた瞬間、何が起きたかもわからなかった。あれ、落ちている……というくらい自分でも理解しにくい落下だったのです。

鉄棒から落ちた瞬間には、夢を見ていて、いま目が覚めたのかなと思ったくらい、何が起きたかわからなかった。

予選落ちという結果が突きつけられて、心をどう反応させていいかもわかりませんでした。

6種目をやるのではなく鉄棒に絞り、開催延期もありながら、本当に特別な思いでたどり着いた舞台でした。その大会が予選だけで終わってしまった。現実を受け入れるのも難しく、本当に一瞬だったな、という戸惑いだけが残されました。

それまでの五輪は、大歓声の中、本当に地鳴りを聞きながら、そばにいるチームメイトと会話するのも大変なほどの環境で試合をしていました。それに対し、コロナの影響で、東京五輪は落ち着いた環境での五輪となりました。こうした環境変化も、もしかしたら影響していたのかもしれません。

そして、あとから振り返って思うことですが、選考会の段階ですべてを出しきった感覚があったのは否定できません。

ロンドンやリオは、金メダルを取ることを目標にしていたオリンピックだったのに対して、東京は、まず出場することが目標になっていた。

ブレットシュナイダーを習得していたこともあり、オリンピックでも金メダルを取れるだけの点数を出せるようにはなっていました。

でも、この東京オリンピックに関しては、金メダルを取ることを目標にする前に出場権を得る必要がありました。

「死んでも出たい」と言い続けていたオリンピックにやっとの思いでたどり着いたのです。オリンピックで結果を出すことを軽視しているつもりはありませんでしたが、第一段階にある絶対的な目標はクリアできていた。

自分で意識はしていなくても、それまで張りつめていたものが切れてしまっていた部分もあったのかもしれません。

言い訳にはならないことですが、自分をコントロールしきれていなかった。そういう面があったことがあの落下につながってしまったようにも思います。

東京オリンピックに関しては、思い出せることが少なすぎる大会になってしまいました。選手村がどうだったというような印象も薄くて、選考会の段階で記憶が途絶えているのにも近い感覚です。

最後まで出場権を競い合った米倉に対して「土下座して謝りたい」とも言いましたが、心の底から申し訳なく思ったのは本当です。

そんな中、出場した他の選手たちが頑張ってくれたことには救われました。とくに個人総合と種目別鉄棒で橋本大輝が金メダルを取ってくれたのはよかった。僕がもし鉄棒で決勝に進んでいたとして、橋本が金で、僕が銀か銅になっていたなら口惜《くや》しくて歯嚙《はが》みしたのだろうとは思います。でも、僕が予選落ちしてしまっていたなかで結果を出してくれたことには感謝しています。

子供たちが体操に憧《あこが》れをもつ火を消さないことにもつながっていくからです。

これまで自分は何をしてきたのか……

オリンピックの結果を受け入れるまでにはやはり時間がかかりました。

それまではどんなにつらいことがあっても、精神的に落ち込むことはありませんでしたが、このときだけはそうはいきませんでした。

これまで自分は何をしてきたのだろう、何のためにここまでやってきたのだろうと、ずっと自問していました。

それが3日くらい続いたとき、**そうして立ち止まっている自分が嫌になり、そんな自分は自分らしくないので終わりにしよう**と思ったのです。

これだけつらい結末になったことにしても、話のネタにして生きていけるくらいでないと、この先はない。そんなふうに自分に言い聞かせることにしたのです。

オリンピックのあと、コーチの佐藤に対しては「お前の首に金メダルをかけたかったんだけどな」とも言いました。

だって、自分の中ではそういうシナリオができていたから。

0・001点差で代表になるまでの道を考えたなら、物語の結末は、金メダルを取って、苦楽をともにしてきた佐藤と喜びを分かち合うものにするしかなかった。

そんなフィナーレを迎えるのが簡単ではないのはわかっていても、僕の中ではそういう見通しを立てていたのです。

代表権を取った時点で張りつめていたものが切れてしまっていたのかもしれないということは、あとから振り返っての考えです。自分としてはあくまで金メダルを取ることを目指していたつもりです。

それにもかかわらず、予選で落下して、決勝に進むこともできなかった。そういう結末を演じてしまったことは、これから先もずっと抱えていくしかないのだろうな、というのが僕が出した答えだったのです。

こうした結果で終わったことは自分の中ではなかなか割り切れなかったけれど、5年間をムダにしてしまったという感覚はありません。

その過程においてやるだけのことはやったし、それでもあのような信じがたいミスが出て一瞬で終わってしまうのが体操なのです。

そのことをあらためて知ることができました。

5年間の努力にも、本番での落下にも、それぞれ意味があったと受けとめています。

「引退」という決断へ

2021年の世界選手権は、生まれ故郷の北九州《きたきゅうしゅう》市での10月開催だったので、とにかくそこには出場しようということは自分の中で決めていました。

そのステップとして9月の全日本シニア選手権にも出場しましたが、そこに向かうまでの準備はとにかくきつかった。

肩や股関節《こかんせつ》など、体じゅうが悲鳴をあげていたのです。

それまで、いろんなところをケガしていたときとも比べられないくらい厳しいコンディションになっていました。

練習しようにもどうにもならない状態が続いていました。そのうえ、オリンピックで予選落ちしたのが響いていて、気持ちをつくるのがすごく難しかった。

その頃に、これはもう無理ではないか、世界選手権を最後の大会にするしかないかな、と考えるようになったのです。

それまでは、どんなケガをしていたときでも、いまは無理そうでもなんとかなるだろうと思っていたのに、このときにはそういう可能性も見えてこなかった。

「無理そう」ではなく「もう無理かな」になっていたのです。

そのため**現実問題として引退を考えるようになりました。**

全日本シニアはオリンピックと同じ構成にしましたが、着地に失敗するなど、満足のいく演技には程遠かった。

その後、世界選手権が近づいてきたなかでも状態を上げられず、「今日ちゃんとやれなかったら代表は辞退しよう」と思って練習してみると、そのときは形になったのです。こうしたところでは何かの力が働くものなのかもしれません。

やれるならやろうと、そこからなんとか調整していったのです。

トラウマは簡単にぬぐえない

世界選手権は「最後だから、絶対に落ちたりしないでやりきる！」と臨んだので、気持ちがこもった演技になりました。

このときの予選では、東京で落下した、ひねりをともなう倒立技は抜いていました。コーチの佐藤に「**トラウマは簡単にぬぐえないから**」と言われたからです。大丈夫だとは思いましたが、予選で終わりにするわけにはいかなかったので、万全を期すため佐藤の意見を聞き入れたのです。

決勝ではもう一度その技を入れました。そこから逃げたくはなかったし、取り返したいものがあったからです。

ブレットシュナイダーは決められ、問題の技も普通にこなせました。

そして着地です。

〝ホンモノの着地〟を見せたいという気持ちを込めて、ピタリと止められました。

結果は6位でしたが、着地も含めて、このときの自分なりの会心の演技ができたと思っています。

歓声を受けて、両手を突き上げました。

オリンピックは決勝にも進めませんでしたが、北九州の世界選手権ではやりきることができたのです。

それまでやってきた演技と比べれば、完成度の面などではずいぶん落ちています。

「これでやりきった気になるなんて、ハードルを下げてしまっているようで悔しいな」とは思いましたが、これが今の自分の最大限なんだと納得しました。

そうなっているから引退を決めたんだ、**限界までやりきったんだ、**と充実した気持ちになれていたのです。

世界選手権を迎える前は、大会が終われば、また続けたい気になるかもしれないとも思っていましたが、そういう感情は生まれてこなかった。

3年後のパリオリンピックは、少しも見えてこなかったのです。

どうすれば代表になれるかということが多少なりとも見えていたなら、その可能性に懸けていた可能性もありましたが、まったく見えてはこなかった。

パリオリンピックが4年後ではなく3年後になっていたのもマイナスでした。年齢を考えれば早いほうがいいとはいっても、体の立て直しから始めなければならないわけです。そこから始めるには、準備期間として3年は短すぎたのです。

僕のオリンピックは、2021年の夏、東京で終わりました。

Process

25

受け入れられないような結末が待っていることもある。それでも、そうなった理由と意味を見つけて前進できる。

第7章

天才とは?本当の努力とは?

ワーク Work

現役引退を発表する記者会見

目標を達成するために
どれだけのことをやっていくのか？
競技もビジネスも同じで、
大切なのは、才能ではなくやり続けること。
「自分は努力している」と口にしているうちは
まだまだやれることがある！

Work

成功体験とステージ

目標達成のためにどのような計画を立てて、どれだけのことをやっていくべきなのか。目標を立てる際には、経験や見通しがあった方が有利になり、達成のためになにより大切なのは、やはり思いの強さなのだと思います。

たとえば、僕にとって北京オリンピックは思いがけず出場できた大会だったといえますが、ここでオリンピックという舞台を経験できたことが、その後の人生を変えました。

〝自分に負けない練習を4年間続ければ金メダルを取れる〟

そういう考えをもつことができたので、そこからの4年は1日も妥協することなく、必死で頑張れたのです。

思いが強く、目標がしっかりしているほど、継続することにつなげることができるのは、どんなスポーツや仕事でも同じではないでしょうか。

何をすべきかということでは、北京オリンピック後はまだ試行錯誤の部分もありました。それでも毎日、金メダルを取るにはどうしていけばいいかを考えながら練習を続けていったのです。

4年後のロンドンオリンピックで金メダルを取ることができると、その直後からはリオデジャネイロオリンピックまでの4年間をどのように過ごすかを考えました。

前の4年に経験を積めていたので、次の4年間をどう過ごすかのイメージは、前回よりもしっかりとした輪郭があるものにできました。

オリンピックで金メダルを取るという目標設定は特異なものにはなるのでしょうが、ビジネスなどでも似たところがあるはずです。

経験を積み重ねながら、その時々の目標に合わせて計画を立てていく。

そのためにやれることの質や量は、年ごとに変わっていくはずです。

もう一度、あの景色を見たい。

もっと高いところに行きたい。

そういう気持ちになると、1日1日との向き合い方が変わります。

目指すところが高くなれば、見えるものが変わり、成長も促されます。

仕事などでもひとつの成功体験をすることからステージをあげていけば、変わってくる部分が多いのではないかと思います。

目に映るものや自分の考え方が大きく変わる瞬間は、誰にでもあるはずです。

「努力している」とアピールしているうちは努力ではない

「努力」という言葉を辞書で引くと、目標達成のために心身を労して努めること、骨を折ること――などと書かれています。

僕の感覚でいえば、目標があるときに、それに向けてできる限りのことをするのはある意味では当たり前です。

自分で「努力してます」、「やってます」とアピールしているうちは努力とはいえません。

競技の世界でも、**本当に努力している選手は、「たいしたことはやっていないよ」と言いながら結果を残していく**ものです。謙遜《けんそん》ではなく**〝もっとやれる〟と思っている**からこそ、こうした言葉が口に出るのでしょう。

大学の体操部などに指導に行くと、「かなりのことをやっています」と言う学生はやはりいるので、「自分でそう言ってるうちはまだまだだよ」と釘《くぎ》を刺しています。

周りから「よくそこまでやれるね!?」と驚嘆されるようになって初めて、「やっている」と口にしていいレベルなのです。

代表レベルの選手の練習を見ていても、どうしてもっとやらないんだろうと感じることはあります。自分で、できる限りのことをやっているつもりでいるのだとしても、大学生だった頃の僕よりやっているようには見えません。僕は自分が特別だとはまったく思っていないので、自分がやってきたことくらいは、本音では誰でもできるはずだと考えています。

まだまだ余力を残しているような選手を見ると、「本気で上を目指す気があるなら、どうしてもっとやらないのか!」と言いたくなります。

努力をすれば必ず結果がついてくるわけでもない

高校生の頃に加藤澤男《かとうさわお》さん(メキシコシティ大会などオリンピック3大会で8個の金メダルを獲得した名選手、指導者)から「世界一になるヤツは世界一練習している」と言われたことがありました。その言葉は僕にとっては大事な指標になりました。

どれだけ練習すれば、世界一練習していることになるのかはわかりません。だから、とにかく〝これ以上の練習はないはず〟といえるところを目指してやってきました。

努力というと、見返りがあるものと決めつけている人が多いのかもしれませんが、**「見返りを求めてやっているのは努力ではない」**とも思っています。

努力をして結果が出る場合もある一方、結果を出せないこともあります。努力をすれば必ず結果がついてくるわけではありません。

努力をしているつもりで結果が出ないのであれば、努力が足りないのか、努力の方法に問題があると見るべきです。

そうであれば、これからどうしていくべきかと新しい努力のかたちを考える。

そういう作業を試行錯誤しながら繰り返していくことが大切です。

それだけの覚悟でやっていれば、当然、苦しいこともあります。

でも僕は、練習という努力をやめたいと思ったことはありません。

東京オリンピックを目指している過程では、肩をはじめとして、体のあちこちに問題が出ていました。思うような演技ができない時期が長くて、本当につらかった。

でも、**この苦しい状況を打破できたなら、より強くなれるんじゃないか、ここを乗り切れば次のステージに立てる、**と思っていました。

根っからの負けず嫌いでもあるので、苦しい状況になるほど、絶対なんとかしてみせるという気持ちになります。そういう負けん気に支えられて、ここまでやってこられたのは間違いありません。

できることではなく「できないこと」が普通

自分には「才能」なんてなかったと思っているし、才能という言葉自体が嫌いだということは最初にも書きました。

「天才」なんて言葉も嫌いです。

天才がどう定義されているかといえば、天賦の才、生まれつき備わっているすぐれた才能ということになるのだと思います。

もしかしたらそういうものを備えた人もいるのかもしれません。体操でも、すごい技をやる選手を見て、「この人、天才だな」と口にしたくなることはありました。

でも、本音では、天才なんて言葉はないほうがいい気がします。

少なくとも僕はまったく違う。

天才であれば、体操を始めたばかりの頃からすぐにいろんな技ができるようになるのでしょうが、僕は周りの子ができていた蹴上《けあ》がりもなかなかできなかったくらいです。

ブレットシュナイダーを大会で使えるようになるまでにも、7か月かかりました。

なんでもすぐにできる人間ではないからこそ、なんとかしようと、自分なりに工夫しながら頑張れるのではないでしょうか。

そこに自分が向き合う対象のおもしろさが生まれてくると感じています。

小学生の頃も金メダリストになったあとも、その点では何も変わりません。

また、最近は「努力の天才」といった言い方もされますが、努力という言葉に天才をつける必要はないはずです。

ものすごい努力をできる人が努力の天才と呼ばれるのだとしても、**努力というものは、天から授かった才能などがなくてもできる**ことです。

努力とは、自分がどういう意識でやってきたかという証《あかし》なのだと思っています。

体操に限らずなんでもそうですが、**できることを普通と考えるのではなく、「できないこと」が普通と考える。何かができる、何かができるようになるって、それだけ特別なこと**だと思います。

なんでも簡単にできてしまう人なんていないと思っていたほうがいいのです。

苦労してできるようになるからこそ喜びがある。それがわかってくると、できないことをできるようにしていくための努力が楽しくなってきます。

限界などはどこにもない

目標は、更新していくこともできます。

僕自身もそうでした。金メダルを取ったあとにしても、常により高い次元の体操ができるようになることを目指していました。ゴールといえる場所などはどこにもありません。第5章でも書いたように〝どこまで行っても上がある〟と考えています。

自分で完璧《かんぺき》と思えるような段階まできても、決して完璧ではない。理想に近づけば、新しい理想が生まれていくものなので、常に上を目指していけます。

体操でいえば、イメージどおりに技ができるようになると、「こうすればもっと良くなるんじゃないか」、「こうすれば新しい技を生み出せるのではないか」というイメージがポンと頭に浮かんできます。

そうしたことは体操に限らないはずです。

難度、点数(収益率)、確実性、効率など、どこまでも改善の余地はあるはずです。

妥協をしないで体操と向き合っているうちに、いつのまにかそういう考え方をするようになっていました。

恥ずかしげもなく言うと、もともと僕は、人間に限界はない、不可能はない、と考えているタイプの子供だったのです。頑張れば空も飛べる、頑張ればかめはめ波も出せるようになるはず、とけっこう本気で考えていました。

かめはめ波を出せるようにはなりませんでしたが、体操では普通は考えつかないようなことを考えて、実際にトライし、上書きの連続になっていきました。

ひとつの技ができるようになると、「あっ、ここでもう1回、ひねれるんじゃないか」といった発想も生まれます。

たとえば跳馬のリ・シャオペンは僕のオリジナルではありませんが、本家のリ・シャオペン選手とは技への考え方も仕上がりもずいぶん違います。

専門的な話になるので詳しくは書きませんが、跳馬のヨー2（前転跳び前方伸身宙返り2回半ひねり）という技と、シューフェルト（後転跳び後方伸身宙返り2回半ひねり）という技を組み合わせれば一段階高度なリ・シャオペンという大技になるなと思い、それを自分なりの方法で考えたことから、内村式ともいえるリ・シャオペンができるようになったのです。

そういう例は他にもたくさんあります。

自分の名前がついた技は残せませんでしたが、練習で行っていて、国際大会でやっていれば「ウチムラ」になっていた技はいくつもあります。

自分がやってきたことを振り返っているうちに、**「人間はこうやって成長して、文明を発達させてきたのかな」**と考えるようにもなりました。

たとえばコンピュータは、最初は大型のものしかなかったのに、「なんとか小さくできないか」という発想をもつ人が現れたのだと想像されます。それでその人がパソコンをつくったのではないのでしょうか。家だって最初は土のようなものでつくっていたのに、木やコンクリートでつくれば、暮らしやすくて丈夫な建物になるのではないかと考えた人がいて、技術を開発していったのだと思います。
そうした技術革新的な部分はもちろん、どんなことでも変えていくことができる。〝働き方〟というような身近な部分においても、改善できることはどんどん見つけられていくのではないかと思います。

Process

26

天才ではなくても「本当の努力」はしていける。きっと、人間に不可能なんてない！

不得意を得意へ近づける

得意不得意があるとき、得意分野を伸ばすか、苦手なことを克服するかで悩む人もいるかもしれません。僕の考え方としては〝得意なことは勝手に伸びていくだろう〟ということがまずありました。

不得意なものに関しては、克服するというより〝どれだけ得意に近づけるか〟という意識でやってきました。

たとえば北京オリンピックでは、個人総合決勝2種目目のあん馬で二度落下したので、内村はあん馬が苦手なんだなというイメージをもたれた人も多かったのではないかと思います。あん馬は落下の多い種目ですし、自分の中では不得意という意識はなかったのですが、そういうふうに見られるのも癪《しゃく》だな、という気持ちになりました。

練習量を他の3倍に増やして、落下を減らすことを目指しました。

僕のやり方はそういうパターンが多くて、得意なことを繰り返し練習することはあまりなかったのです。

体操は点数競技なので、「得意種目では何点取っておきたい」などと算段する選手もいるのだとは思います。大会中、ライバルとなる選手との点差を計算しながら試合を進めていく選手もいるはずです。

でも僕は、そういう計算もほとんどしなかった。大会前も試合中もそうです。

もちろん大会前に、自分が考えている構成で何点を出せるかは考えていました。試技会などの点数を参考に、減点になりそうな技を外していくような調整はしましたが、どの種目で何点取りたいといった考え方をしたことはありません。

仮の話として、僕がいま大学受験をしようと考えたとしても、得意の日本史では何点取って、苦手の数学でも最低何点取っておきたいという計算をすることはないはずです。この大学に入るには何点必要なので、あと何点伸ばさなければならないといった考え方もしないと思います。

この大学に入るためにはこのくらい勉強しなければダメだろうなと考えたなら、それ以上、勉強するだけです。

最大限、自分がやれることをやっていけばいいというだけで、細かい計算を働かせるのは性に合わないようです。

体操の大会でも、基本的には他の選手の点数は見なかったし、演技も見なかった。演技後の選手の表情を見れば、いい演技をしたのか、失敗したのかはわかります。相手が何点だったから自分は何点取らなければならないといった考え方はしませんでした。

高校生のときにコーチから「人のことは関係ない」と言われて、できるだけ気にしないようにしたのが始まりで、いつのまにかほとんど気にならないようになりました。そういうスタンスでいたほうがいい演技ができていたので、それでいいと思ったのです。

結局は自分次第なので、人のことを意識してもプラスにはならない。自分のやるべきことに集中するだけです。

こうした考え方は、体操に限らずどんな世界においても時に通じるものがあるのではないでしょうか。

うまくいかないときはまず理由を考える

物事がうまくいかないときにどうするか？

うまくいかないときには〝どうしてダメなのか〟を考えるところから始めるしかない気がします。

仕事でもそうだと思いますが、やりながら「なぜ？」と考え、1日の仕事が終わったあとにもまた「なぜ？」と振り返る。

理由がわからなければ改善できないので、そこはしっかりと理解しておくべきです。

大学生の練習を見ているときでも、「うまくいかないんです」という選手に対して、「考えながらやってる？」と聞くと、「いや、とくには考えてないです」と返されることがあります。でも、どこに問題があるかを考えようとしなければ、うまくいくはずがないのです。

うまくいかないときには、どうしてなのかと考え、うまくいっているときにもやはり、何がいいのかを把握しておくようにする。

そういう姿勢があってこそ、成長もでき、成功に近づいていけるのだと思います。

うまくいかないときに、「自分はダメだな」と思ってしまうのも良くないことです。

ダメというのは負のスパイラルに陥りやすい言葉なので、言葉のトーンを落としてマイルドにしたほうがいいのです。

「全然ダメだ」とは口にしないで、「ちょっと良くないなあ」というくらいにとどめておく。そうしていたほうが心の負担にならずに済みます。

僕はもともとスーパーポジティブ人間なので、ネガティブになることがほぼありません。〝ネガティブになっていいことなんて何もない〟と思っているので、昔から落ち込むことがなかったのです。

東京オリンピックのあとは生まれて初めてというくらい落ち込みましたが、〝自分で納得するまで考え続ければポジティブになれる〟ことを知りました。

自分がそこまでネガティブになりかけたのは意外でしたが、結局はポジティブに戻れたということです。

あきらめてもラクにはならない

ビジネスの世界のことは詳しくはわかりません。ただ、どんな世界で何をしていようとも〝続けること〟が大きな意味をもつのは同じはずです。

続けていれば、必ず変わる部分が出てきます。最初は小さな進歩しかなくても、続けることで大きな進歩になっていく。

体操競技を通して、とことん続けることの意味と向き合ってきました。仕事はもちろん、身近なちょっとしたことでもそうです。

たとえば僕は、引退したあと、パソコンを買いました。最初のうちはやり方がわからない部分も多く、一度やった作業を再びやろうとしても、すぐにできないことがよくありました。でも、毎日、電源を入れて触っていれば、操作にも慣れ、いろんなことができるようになっていきます。

ゴルフもそうです。引退後、やってみたいなと思うことはためらわずにやってみようと考えて、ゴルフを始めたのです。この原稿を書いている段階ではコースに出たこともなく、打ちっぱなしに通っているだけですが、自分で想像していた以上にハマっています。

最初は「全然うまくなれないな」と感じていたのに、3か月ほど続けていると、少しはマシになってきたな、と思えるようになりました。

体操と同じように動画を細かくチェックしながら自分のフォームを修正しています。それをしている効果が出ているのを感じています。

続けることはたしかに難しいし、続けられないことのほうが普通は多いものです。同じことを繰り返すのはつまらないし、苦痛を伴います。

しかし、あきらめてやめてしまえばラクになるのかといえば、そうではありません。何かをあきらめてしまえば、挫折《ざせつ》してしまったしこりが心に残ります。そういうしこりを増やしていくと、新たに何かを始めることもだんだん億劫《おっくう》になっていく。そうならないためにも、**一度始めたことは簡単にあきらめないほうがいい**はずです。

始めることになかなか踏み切れないという人は、スマホの場合はどうだったかを思い出してみればいいのではないでしょうか。

僕もガラケーからスマホに変えたとき、「こんなの絶対無理だ」、「フリック入力なんてできっこない」と思っていました。でも、携帯電話なんて、自然に毎日触るものです。日々使っていれば、無理だろうと思っていたことが普通にやれるようになっていく。応用的な操作でも難なくできるようになっていきます。

仕事でも趣味でも、日常的な小さなことでも、同じなのではないかと思います。

1日5分でも「継続」には意味がある

つらいこと、難しいことも含めて、どうすれば続けられるのか？

誰にでも当てはめられるような方法論はないのかもしれません。

僕の経験からいえるのは……。

「できない」、「難しい」と考えるのではなく、ひとまず、とりあえず「やれる」と決めつけてしまえば、多くのことはできるものだということです。

今日はゴルフの練習に行く時間がつくれそうにないな、というときでも、「いや、行けるだろう」と考える。実際のところ、その気になれば、隙間時間に練習に行って、5分か10分だけでも打つことができる場合は多いはずです。

そうすると、1日休んでしまうのではなく、継続できていることになります。

上達ということを考えても、実は5分やった意味は大きい。

多少の無理をしてでもひとまず続けていけば、予想していなかったようなところまで到達できるケースが増えるはずです。

繰り返しになりますが、大切なのはやり続けることです。

その一点において内村航平はつくられてきたともいえるのです。

Process

27

ジャンルを問わず、大切なのは続けること。「今日は無理」とあきらめず隙間時間の継続も意義がある。

終章

A Message for the Future

体操が教えてくれたこと、キャリアをどうつくるか
未来へのメッセージ

引退イベントで観客に向かって手を振る

セカンドキャリアはどうあるべきか？
人はどうして体操に魅せられるのか？
指導者はどのようなスタンスで
子供や選手に接するべきなのか？
絶対の答えを見つけるのは簡単ではなくても、
未来に伝えていきたいことがある！

A Message for the Future

自分にしかできないことをやっていきたい

これまで、未来の目標の話を具体的にしたことはありませんでした。

これから僕はどうしていくのか？

引退したからといって、体操から離れるつもりはありません。実際に現役時代と変わらないくらい練習を続けているし、今後、体操に関わるイベントなどをやっていきたいとも考えています。

引退したあと、「やり残したことも多かったな」、「現役中にもっとできたな」などと思い返すようにはなりました。自分の名前がついた技を残せなかったこともそうです。練習では試合でやった構成より難度の高い演技をしていたので、試合でそれをやっておきたかった、という気持ちもあります。実績としては十分なものを残せたといっても、「まだできた」という部分を挙げだしていけばキリがなくなります。

一方で、現役の間、どこまでも現状に満足しないでやってきたからこそ、ここまでやってくることができ、さまざまな記録を残せました。そういった意味では、技にやり残しがあったといっても、やはり後悔ではありません。

そしてこれから、自分でなくてもできるようなことではなく、**自分にしかできないことをやっていきたい**気持ちが強い。

それが何なのかは、いろんなことをやっていくうちに見えてくるのではないか……、見えてきたらいいな、と思っています。

現役として体操をやっていたあいだは「大会で結果を出す」、「難度の高い技を覚えて成功させる」というように目標が明確化できていました。

引退後は、まだ目標をはっきりとさせられてはいないので、先が見えないなかで模索しています。だからといって焦らず、試行錯誤していく。そうしているうちに少しずつかたちになっていくものがあればいい。そういう考え方になっています。

僕の経験を共有してほしい

引退後には講演の仕事なども増えました。人見知りだった子供の頃に比べれば、人前で話をすることにはずいぶん慣れてきました。話をするのが得意になっているわけではありませんが、話したいことはあります。人にはできないような経験を積み重ねてきたことが、僕の財産になっています。その経験を自分の中だけにしまっておくのはもったいないな、という気持ちが大きくなってきました。

こうして自分の本をまとめてみたこともそうですが、僕が積んできた経験を共有してもらいたい。当然ながら体操に関わる話が増えますが、僕がしてきた経験は体操の世界でしか意味がないものではないはずです。

話を聞いてくれる人、本を読んでくれる人が、**僕の経験を自分の人生に落とし込んでいくことで何かのヒントにしてもらえるのではないか。**

そんなふうにも考えているのです。

これから何をやっていくかということでは、解説者ではないのか、指導者なのではないかと言われるときもあります。

解説や指導をすることはあるかもしれませんが、今のところ、専門的にそういうことをしていく気持ちはありません。とくにこれから指導理論などを学んでコーチのライセンスを取るようなことは考えにくいです。何かを学ぶにしても、決められた時間のなかでやっていくのは好きではないからです。

『ガンバ！Fly high』の外伝では、主人公の藤巻駿《ふじまきしゅん》が、現役を退いてから世界各地を巡り、ふらりと立ち寄ったところで子供たちに体操を教えている様子が描かれていました。実際に僕が同じことをやる可能性は低いですが、そういう生き方は格好いいし、少し憧《あこが》れます。

日本代表のために自分がやれることを考えるのも大切かもしれませんが、今の気持ちとしては、**もっと裾野《すその》の部分から体操を広めていきたい。**

子供たちが体操の魅力を知り、直接、体操に触れる機会を増やしていくようにしないと、先につながっていかないと考えているからです。

人として大事なことはすべて体操から教わった

体操の魅力はどういうところにあるのでしょうか？

ありすぎて、うまく言葉にできないというのが正直なところです。

体操の技は、習得できたときの喜びが大きいのも魅力のひとつです。難度の高い技などは、できるようになるまでに時間がかかるので、できるようになったときの達成感はすごい！　それまで地道な努力を重ねていても、つらかった記憶は吹っ飛びます。とてつもなく大きな、ハイパー成功体験ともいっていい。

体操に限らず、達成感を求めて何かを続けている人は多いのではないかと思います。**簡単なことができるようになるより、習得するまでの苦労が大きいほど、感動も大きくなる**ものです。

体操は、まじめでストイックなほうが伸びやすいので、日本人にすごく向いているとも思います。海外の選手が新たに始めた技を見たあと、すぐに同じことができるようになる器用さをもっているのも日本人の特徴です。

子供に魅力を伝えるとしたら、「人ができないことができるようになる」という部分も強調できます。

小学校でも、廊下や体育館でバック転などを披露すれば、「すごい！」と言ってもらえる。ケガには気をつけてほしいですが、同級生などに感嘆の目で見てもらえるのは気持ちがいいものです。世界選手権やオリンピックに出られるようになると、世界中の人か覚的にわかりやすいのもいいところです。体操は「こんなこと、普通はできない」というのが視覚的にわかりやすいのもいいところです。

僕の場合は3歳から体操をやっていたので、体操に育ててもらったという意識が強い。「人として大事なことはすべて体操から教わった」といえるので、人生の勉強になるスポーツだなとも感じています。

〝あきらめないことの大切さ〟や〝自分で考えていくことの意味〟など、体操にはいろいろな要素が詰まっています。人に流されず、自分の力で行動していく姿勢にしても、体操で培われたものだと思っています。

また、体操はオリンピック種目だからこそ、4年というスパンで計画を立て、日々の努力を積み重ねていくようにもなりました。

長いスパンで目標達成を目指せるようになったのも体操のおかげです。

Process

28

あきらめないことの大切さや自分で考えていくことの意味……生きていくうえで大切なことは、すべて体操から教わった。

答えは自分で見つけることに意味がある

学生などに指導する機会はありますが、手取り足取り教えることはありません。どういう練習をすればいいか。どうやればできるようになるのか。そういう部分でのヒントは伝えても、答えまでは言いません。

自分で気づくことが大事であるうえ、答えはひとつだけとは限らないからです。だから僕は「もっとこういうふうにしたらいいんじゃない？」とは言っても、「こういうふうにやれよ」とは絶対に言いません。

方法論の部分でも練習量でも、強制はしないということです。

たとえば、僕たちの世代は、練習中は水を飲むなというような不条理なことは言われなくなっていましたが、もし、そういうことを強制されたなら、「なぜダメなんですか？」と、とことん反論していたはずです。

競技力の向上につながることであれば、多少、無理なことでも納得するかもしれませんが、納得できないことにはいっさい従わないタイプでした。納得できなければ絶対に引かないと決めていたので、指導者とぶつかる場合も多かった。従うときは従いますが、我が強いので、簡単には折れませんでした。最初に書いたように高校で基礎の反復ばかりをやらされていたときも、かなり噛《か》みついていました。反抗的な態度をみせているとコーチに嫌われるのではないか、といった考え方はしなかった。コーチに好かれたいといった意識はまったくなかったのです。そういう面ではずいぶんひねくれていました。

体操に関しては、親から言われたことを1から10まで聞いていたわけではありません。**子供の頃から〝自分で考えて練習する〟ようにしていた**ので、自分が納得できることだけをやりたい意識が強くなっていました。

すごくワガママな子供だったのも確かです。普段は「うるさいからあれこれ言わないで！」と指導を拒んでいながら、教えてほしいときだけ「これってどうやるの？」と聞いていた。子供の頃から現在まで、基本的にはずっとそうでした。

ひとの悪口は言わず、常に謙虚であること

両親に対しては、幼い頃に体操を始めさせてもらったことを感謝しているだけではありません。人間としての師であり、一生超えられない存在だとも感じています。

体操そのものよりも〝人としてどうあるべきか〟といったことを厳しく教えられてきました。

「体操がうまくても、挨拶《あいさつ》ができなかったらダメだから」、「ありがとうはちゃんと言いなさい」といったことを小さな頃から繰り返し言われてきたのです。

父は根っからの九州男児であり、礼節的な部分にはとにかく厳しかった。

人見知りだった僕は、親戚《しんせき》に会ったときに、親の後ろに隠れてしまって挨拶ができないこともありました。そうすると、後ろから引っ張り出されて、思いきり叩《たた》かれたりもしていたのです。

僕が社会人になってから、元日の練習前に近くの神社にお参りに行くところをニュースで映されたことがありました。そのとき寒かったので手袋をしたまま拝礼していたら、

テレビを見ていた父から「手袋をしたままというのはよくない！」と注意が飛んできたこともありました。

「ひとの悪口を言うな」ということも幼い頃からきつく言われていました。

その教えをしっかり守っていたかといえばそうとはいえません。10代の頃なんかは、つい悪口が出てしまうことはあったし、すぐに文句も言っていました。そういうことはいっさい口にしないほうがいいのはわかっていても、できずにいたのです。

それでもいつのまにか、文句を言ったり怒ったりするのはムダだなと考えるようになりました。感情を逆撫《さかな》でされるようなことがあっても、「べつにいいや」と流すことができれば世の中はもっと平和になるのにな、という考え方をするようになったのです。

いつからかといえば、オリンピックに出て、金メダルを取るなどして、ある程度、世間に名前が知られるようになってからかもしれません。そういう意味でいえば、それも体操のおかげです。

ネットなどで知らない人から悪口を言われることもありましたが、それに反応していてもイライラするだけです。「言いたいヤツには言わせておいて、気にしなければいい」

という感覚になれたのです。

金メダルを取ったことで、思い上がったりしないようにも気をつけました。それもやはり親から教えられていたことです。**「世の中にはすごい人がいっぱいいて、そのなかには偉ぶっている人もいれば謙虚な人もいる。何かが人よりできたときでも、謙虚でいなければならない」**ということを小さいときから言われ続けていたのです。

そういう教えがあったから、金メダルを取ったからといって、自分という人間を変えてしまっては絶対にダメだと思っていました。実際に金メダルを取ったあとも、鼻にかけることはなかったつもりです。だからこそ、自分の演技に満足することもなく、長く現役を続けられたのだと思っています。

親の教えが大きかった部分だと思います。

一人ひとり、相手に合わせた教え方をすべき！

指導に関して僕が提言できることはあまりないのですが、**一人ひとりの個性を尊重し**

て、自主性を重んじるべきだとは思います。

どれだけの練習量をこなすか、どういう練習方法がいいかといったことはもちろん、どのように技をやるべきか、といった点でもそうです。

同じ技でも、その選手の骨格や柔軟性といった特徴に応じたやり方があります。そういうことを考えず、この技はこうしろ、というようにひとつのパターンだけで指導するのは選手を見ていない証拠です。

競技に対する適性の部分でも、性格や人間性の部分でも、いろんな選手がいます。一人ひとりをよく見て、個性や特徴に合わせた指導をする。

そのうえで、練習方法にしても技にしても、選手が自分で考えるクセをつけさせる。そういうことを考えていく必要があるのだと思います。

基礎も大切ですが、考える力があったほうが伸びやすいのが体操です。多くの競技やスポーツ以外のこともそうだと思います。

どこが良くて、どこが悪いかを自分でわかっていないと試合で成功しないし、技の再現性が高くならない。

いい部分だけわかっていても、どこが悪いのかに気づけていないと、失敗したときなどに、「なんで?」と頭をひねるだけで解決できないのです。

僕の場合、中学に体操部はなかったので、家の施設で勝手に練習をしていました。好きなこととやりたい技だけをやって、それでよし、という感じになっていたのです。

そんなやり方でここまでこられたわけですが、きちんと基礎からやっていたなら、もう少し上達したかもしれないな、と思うことはあります。

とはいえ、一人でやっていた分だけ、考える力はついたはずです。

そこが自分の強みになっていました。

どうすれば最大限、伸ばしていけるかを一人ひとりに考える

選手に合わせて指導方法を変えるだけでなく、どういう言葉を使って、どういう姿勢で接するのがいいかといった面でも変えていく部分があってもいいのかもしれません。

僕は指導者ではありませんが、代表のチームマネジメントを考えていくなかで感じていた部分です。それを実践していくためには指導者にも経験が問われます。

選手と一緒に学んでいく意識をもっていれば、自然にそういうこともできるようになっていき、指導の幅が広がる気がします。

高校時代に指導してもらっていた小林隆コーチは、選手一人ひとりのことを本当によく見てくれていたのだと思います。

こいつには厳しくしても大丈夫だとか、こいつは目を離したときに言いつけを守らず好き勝手にやるヤツだ……というように見抜いていた。

そこまで見越したうえで、わざと目を離して好きにやれる時間をつくってくれていたのではないかという気がします。

僕にしても、そういう時間に勝手に難しい技をやってみて、基礎を反復することの大切さを痛感したわけです。小林コーチがそうなることまでをあらかじめ想定していたとするなら、完全に手のひらの上で踊らされていたことになります。

どうすれば最大限、伸ばしていけるかを一人ひとりに対して考える。

そういうところに指導の理想があるようにも思います。

少し話は違いますが、女子選手を指導する際の注意もある気がします。女子選手の場合、体操では16歳から18歳くらいでピークがくる場合が多くなります。そのため、選手として早めに完成させたい意図から、指導者が自分のやり方を押しつけがちになる傾向がみられます。選手もまだ幼いので、言われたまま従うことになりやすい。自分で考えるという部分がもてなくなってしまいやすいのです。

いつまでも学び続けられる人間がいちばん強い

いつまでも学ぶ姿勢をもっておくことも大切です。

体操は基本的な動作や技など、周囲の人から教わらなければできない競技なのです。ビジネスでもそうだと思いますが、ある程度できるようになってくると、人に教えてもらうのがわずらわしくなりがちです。「いや、自分は自分でやりますから」というようにプライドが邪魔してしまう。

僕の場合、子供のときから自分でやっている面もありましたが、教えてもらうことの大切さは理解していたつもりです。

年齢を重ねてキャリアを積んでからも、年下の選手などに教えを乞うことをやめなかったのです。

自分よりひと回りくらい年下の選手がやっていることが気になったときにも、すかさず「その技、どうやってるの？」と聞きに行きました。長く体操をやっていれば、技の流行なども変わっていくので、あれっと思えば聞かずにいられなかったのです。

僕自身、教えられることはなんでも教えていたし、プライドとか競争心などは関係なく、すべてを学びに変える姿勢をもっていたつもりです。

小学生がうまくやっているのを見て、やり方を教えてもらったときもあります。自分が苦手としている部分を改善するためのヒントを小学生がもっている場合もあるのです。話を聞いてみて、「へえ～」と思えたケースは実際にありました。

体操に関する好奇心年齢は、正直、子供のころのままだとも思っています。だからこそ、引退した僕が、これから新しい技を開発する可能性も大いにあるはずです。

どこまでも突き詰めていこうとしている限りゴールはないので、いつまでも学び続けられる人間がいちばん強い。

僕はそう思っています。

29

競技者は〝自分で考える習慣〟と〝学びの姿勢〟をもち続ける。
指導者は形に縛られず、
一人ひとりに合わせていくことが大切！

「仕事を選ぶ」という意味

前にも触れましたが、もし僕がサラリーマンになっていたら、課せられたルールを守りながら、なんとかやっていくことはできたのではないか、と思います。

大学を卒業した段階で、仕事として体操を続けられなかったとしたなら、どういう仕事を選んでいたかを考えてみると、なかなか想像しにくいところです。

それでもやはり、なんらかのかたちで体操に関われることとか、それまで自分がやってきたことを生かせる仕事を選んだのではないかという気はします。

そうであれば、少し違うな、と感じたとしても**「自分が選んだ仕事なんだから」**ということで頑張っていけたのではないかな、と思うのです。

大学の仲間を見ていると、高校や大学の先生や指導者になるケースが多い。体操教室のコーチになった人もいます。昼間は体操教室をやっていて、夜はバーテンダーをやっている後輩もいます。

みんな、悩みながらも自分で選んだ道です。「楽しくやってます」という声をよく聞かせてもらっています。

体育会系の体質なのか、貪欲《どんよく》な向上心をもっているタイプが多いといえます。〝体操をもっと広めていきたい〟という意欲をもっていることがすごく感じられるのです。

自分が選んだ場所で、それぞれにどのように体操と向き合っていくかをすごく考えている。そういう仲間の姿を見ていれば嬉《うれ》しくなるし、刺激も受けます。

できるだけ自分に向いた仕事、興味のある仕事を選ぶのは本当に大切なことだと思います。

焦らないで見つけたい「セカンドキャリア」

「セカンドキャリア」という言葉もよく聞きます。

引退後のアスリートに限らず、〝第二の人生でどんな仕事をするか〟といったことを考える際に使われる言葉です。

個人的には「そうしたことをすぐに決めなければならないのかな」、「ひとつに決めなければならないのかな」という疑問がまずあります。

僕自身、これからどうしていくかが頭の中でまとまっていないまま、引退を決めました。セカンドキャリアについては、まず、手探りでいいのではないか、と考えています。すぐにひとつの方向性を決めてしまわず、可能性を探りながら、興味や情熱が向く方向へ行けたらいいと思っています。僕の場合はまず、いろいろなチャンスや人とのつながりを生かしながら、自分の経験を伝えていきたい。今は手探りではありますが、この方向だ、と決まったらそれには力を入れていきたいと思っています。

正直なところ、競技にしても仕事にしても、これまでずっとひとつのことだけをやってきたのなら、次にやりたいことが簡単に見つけられるはずがありません。その競技や仕事に人生を捧《ささ》げるようにしていたなら、それに代わるものなんてないのが普通です。

柔道の金メダリストである野村忠宏《のむらただひろ》さんも、「柔道をやっていたときがいちばんで、何をやってもそれは超えられない」と話していました。今の僕もまさにそれを実感しているところです。現役でいた頃は、いくらつらいことがあっても、体操がいちばん楽しかったし、やりがいがありました。それを超えるものはまずないはずだし、埋められるものを見つけることも簡単ではないと思っています。それまでにやっていたこと以上のものを見つけられる人もいるのでしょうが、なかなかそうはいかないということです。

もちろん、完全な方向転換ができるならば、それもありだと思います。

今やれることを全力でやっていく

僕は基本的に、あまり先のことを気にしすぎない性格なのかもしれません。生活や収入といったことはあまり考えていません。もし10年後に仕事がなくなっていたとすれば、そのときどうするかを考えればいいと思います。

それよりも、今の自分にやれることを全力でやっていればいい、という考え方を続けてきました。一生懸命取り組む「今」の延長線上にあるのが、未来です。そうしていれば、おのずと道は拓けていくのではないかと思っています。

これだけすべてを捧げられる体操に出逢《であ》えたことは本当に幸せだと思っています。

「体操しながら生涯を全うできれば本望」というニュアンスの発言をしたこともあるし、その気持ちに偽りはありません。

ここまで体操を極めてきた自分にしても、そういうところにしかゴールがない気がするのです。いつか僕が死んで、棺《ひつぎ》に入れてもらったあとに、「あいつ、まだハンドプロテクターをつけてるよ」なんて笑ってもらえたならいいかもしれない。そうしてみんなにほっこりしてもらえたらいいな、なんてことを考えたりもしています。

小中学生のうちは、大学に行って体操をやったとしても、卒業後は就職して、普通に生活していくことになるのだろうなと思っていました。自分が日本代表になって、オリンピックで金メダルを取るなんてことは夢でしかなかったのです。

でも、何かを無理だと思ったことはないし、何かをあきらめたことはありません。人間に不可能はないという思いが原動力となり、ここまでこられたのだと思っています。

目の前のことに、工夫しながら集中すること。それを、継続していくこと。夢はつかむことができるものであり、現実にできるものです。

Process

30

先のことを気にしすぎず、今やれることをやっていく。最後の最後まで好きなことをやり続けて生を全うしたい。

あとがき

体操を極めたい。

体操に関しては、世界の誰よりもよく知っている人間になりたい。

僕の場合、そう思ってここまでやってきました。

実際に、体操を誰よりも知っている領域にまでたどり着けたのかといえば、自信がない面もあります。現役の選手はともかく、世界の指導者などには僕より体操をよく知っている人もいるのではないかと思うのです。

それでも、結果を残すために何をやるべきか、といった部分では誰よりも深く追究してきました。技などについても誰よりも突き詰めて考えてきたつもりです。

ただ僕は、現役を引退したからといって、体操から離れるつもりはありません。何かを追求しようとしている限りゴールはないので、学びも永遠に続けられます。

要するに僕は、まだまだ体操を極めるための道半ばにいるわけです。

それでもこれからは、体操のほかにもいろいろなことをやっていくことになるはずです。新しく何を始めていくのかという点ではまだまだ迷っているし、ゆっくり探していけばいいのだろうという気持ちでいます。

今後も大事にしていきたいと考えているのは、僕が積んできた〝経験〟です。

オリンピック４大会に出場するために僕が何をしてきたか。

その経験を伝えていくことで、何かしら役に立てることがあったらいいな、と考えるようになったのです。

体操をやっている人に限らず、他のスポーツでも、ビジネスでも、上を目指して頑張っている人や、これからどうすればいいかと迷っている人たちにとって、ヒントになることがあるかもしれません。そうだとしたなら、できるだけ多くの人に経験を伝えていくのは僕の役割になるのではないか。そんなふうにも考えるようになりました。

今回こうして本を出させてもらったのもそのためです。

この本では、僕の経験や体験を通じて、何かの仕事やスポーツにおける課題に取り組む読者のみなさんに、目標に向かって努力を続ける重要性や考え方を伝えてきました。

少しでも多くの人にとって意味のある本にしたいと考えたので、背伸びをした部分もありました。これまであまり縁がなかったビジネスの世界のことなども想像しながら書いたので、的外れなことを言っているように感じられる部分もあるかもしれません。そういう部分も含めて僕という人間を知ってもらえればいいのではないかなと思っています。

何かを極めるのは簡単なことではありません。

ひとつのことを続けていくのは本当に難しい。僕にとっての体操のように、心底好きなものであっても大変です。苦痛を伴うこともあります。

でも、つらいというような感覚がなくなり〝やっているのが普通〟というレベルになるまで続けていると、ふと自分の変化に気づけることが増えていきます。

「あれ、そういえば自分は変わったな」

「少しうまくなったな」

そんなふうに思い当たるようになっていきます。

そういう繰り返しが大切なのだと思います。その点についてはオリンピック種目であってもビジネスであっても、変わらないはずです。

少なくとも僕は、ずっとそうして歩んできました。

個人総合40連勝という記録にしても、王者の証《あかし》などではなく、継続の証なのです。

自分のことをよく知り、「ベストな習慣」を考える。

周囲の仲間と自分に合ったコミュニケーションで信頼を築いていく。

苦難や困難にぶつかったときは、その原因をじっくり考えながら、乗り越えるための方法を見つけていく。

「やり続ける力」――この本で僕が伝えたかったことは、やっぱりこの1つの言葉に集約されるのだと思います。

この本が、みなさんが自身の目標や夢に向かっていく日々の助けに少しでもなれば嬉しいです。

2022年12月

内村航平

〈カバー写真〉
撮影　千葉格
スタイリング　手塚陽介
ヘアメイク　谷本明奈

〈本文〉
構成　内池久貴
DTP　エヴリ・シンク
写真提供　朝日新聞社、共同通信社

装幀　三森健太（JUNGLE）
編集　小川和久

内村航平（うちむら　こうへい）

1989年1月3日生まれ、長崎県諫早市出身。体操競技で五輪4大会（北京、ロンドン、リオデジャネイロ、東京）に出場し、個人総合2連覇を含む7つのメダルを獲得（金メダル3、銀メダル4）。国内外40連勝を達成した世界屈指のアスリートであり、「キング」の愛称で知られる。2016年から日本体操界初のプロ選手となり、21年の東京五輪、世界選手権出場を経て、22年に引退。現在は講演やイベントのプロデュースを通して体操競技普及のための活動に取り組んでいる。

やり続《つづ》ける力《ちから》
天才《てんさい》じゃない僕《ぼく》が夢《ゆめ》をつかむプロセス30

2023年2月2日　初版発行

著　者　内村航平《うちむらこうへい》
発行者　山下直久
発　行　株式会社KADOKAWA
〒102-8177 東京都千代田区富士見2-13-3
電話 0570-002-301(ナビダイヤル)
印刷所　凸版印刷株式会社

ISBN 978-4-04-606020-4 C0030